HAUKE BROST · MARIE THERES KROETZ-RELIN

Wie Frauen ticken

Buch

Erklären Sie mal einem Mann die Abgründe der weiblichen Psyche, so dass er sie versteht ... Marie Theres Kroetz-Relin und Erfolgsautor Hauke Brost haben sich der Herausforderung gestellt. Sie verraten die ungeschminkte Wahrheit über die weibliche Spezies. Endlich erfahren Männer, was sie sich nie zu fragen trauten. Was würde sie echt beeindrucken? Warum telefoniert sie immer so lange? Wann kriegt sie Lust auf Sex? Wo sitzt eigentlich der G-Punkt? Warum gibt sie soviel Geld für Kosmetik aus? Und auch: Wie trennt man sich stressfrei von ihr? Augenzwinkernd erkunden die Autoren das Mysterium »Frau«. Die zentrale Erkenntnis für eine bessere Zukunft? »Männer haben nur eine Chance: Sie müssen ein bisschen so werden, wie Frauen schon lange sind.«

Autoren

Hauke Brost, 57, begann als Taxifahrer und Fahnder für »Aktenzeichen XY-ungelöst«. Er wurde Reporter und Partnerschaftsexperte. Der Textchef einer großen Hamburger Boulevardzeitung ist vor allem für seine bissigen Macho-Kolumnen bekannt. Er hat zudem für »Esquire« und »Playboy« gearbeitet und erklärte Frauen den »Mann als solchen« u.a. in »Petra« und »Für Sie«. Hauke Brost war dreimal verheiratet, ist dreimal geschieden und hat dreimal überlebt. Er ist Vater von vier Kindern, eins davon hat er allein großgezogen. Heute lebt er als glücklicher Single, hat von Frauen aber irgendwie immer noch nicht die Nase voll.

Marie Theres Kroetz-Relin, Autorin und Journalistin, wurde 1966 in München geboren. Sie ist die Tochter von Schauspielerin Maria Schell und Filmregisseur Veit Relin. Nach ihrer Hochzeit (1992) mit Dramatiker und Schauspieler Franz Xaver Kroetz gab sie ihre eigene Karriere als Schauspielerin auf und widmete sich ihren drei Kindern. Seit 2005 lebt sie von ihrem Mann getrennt.

Im Goldmann Verlag ist von Hauke Brost außerdem erschienen:

Wie Männer ticken (15443)

Hauke Brost
Marie Theres Kroetz-Relin

Wie Frauen ticken

Über 100 Fakten, die aus jedem Mann einen Frauenversteher machen

GOLDMANN

FSC
Mix
Produktgruppe aus vorbildlich
bewirtschafteten Wäldern und
anderen kontrollierten Herkünften

Zert.-Nr. SGS-COC-1940
www.fsc.org

Verlagsgruppe Random House FSC-DEU-0100
Das FSC-zertifizierte Papier *Holmen Book Cream* für dieses Buch
liefert Holmen Paper, Hallstavik, Schweden.

1. Auflage
Taschenbuchausgabe April 2008
Wilhelm Goldmann Verlag, München,
in der Verlagsgruppe Random House GmbH

Umschlaggestaltung: Design Team München
Umschlagfoto: Franziska Biermann/auserlesen – ausgezeichnet
KF · Herstellung: Str.
Druck und Bindung: GGP Media GmbH, Pößneck
Printed in Germany
ISBN: 978-3-442-15457-9

www.goldmann-verlag.de

*»Das Schweigen der Männer
ist Trennungsgrund Nummer eins.
Aber selbst das wird verschwiegen.«*

*»Eigentlich braucht jede Frau zwei Männer:
Einen Hetero fürs Bett – und einen Schwulen
für die Seele.«*

*»Männer haben nur eine einzige Chance:
Sie müssen ein bisschen so werden,
wie Frauen schon lange sind.«*

INHALT

5. KAPITEL
Die Frau und der Alltag

6. KAPITEL
Die Frau und ihr Job

7. KAPITEL
Die Frau und ihr Äußeres

8. KAPITEL
Die Frau und ihre Psyche

9. KAPITEL
Die Frau und ihre Geheimnisse

10. KAPITEL
Die Frau und die Trennung

VORWORT

Willkommen in der Welt der Frau. Willkommen in einer für Männer fremden Galaxie. Das ist keineswegs übertrieben. Für Männer sind Frauen tatsächlich so rätselhaft wie irgendein ferner Stern da draußen im Universum. Mit riesigen Teleskopen und Funkanlagen versuchen Weltraumforscher, mit dem Universum Kontakt aufzunehmen. Sie funken und lauschen Tag und Nacht ins Nirgendwo: »Hallo Weltall! Hört uns da jemand? Hier Erde, bitte melden!«

Frauen würden es durchaus begrüßen, wenn die Männer auch solche Teleskope hätten. Riesige Lauscher mit sensiblen Antennen. Ausgerichtet auf das unbekannte Universum namens Frau. Reinhören, hinhören, zuhören und was lernen!

Das wäre – im Gegensatz zu den Bemühungen der Weltraumforscher – sogar recht schnell von Erfolg gekrönt. Denn während aus dem All bisher keine Signale zurückkamen, senden Frauen ständig welche aus. Sie haben sogar ein ziemlich ausgeprägtes Mitteilungsbedürfnis.

Aber die meisten Männer haben leider keine Antennen. Und wenn, dann empfangen sie nur einen unverständlichen Mix aus Geräuschen: Plapper-plapper-schimpf-kritisier-bettel-bettel-glucks-lach-klatsch-tratsch-nörgel-schimpf-schon-wieder-plapper: So kommt das bei ihnen an. Sie hören eine Weile zu, und dann schalten sie ab. Oder sie schalten auf Durchzug.

Schade eigentlich! Die Frau ist nämlich ein ziemlich spannendes Universum. Vielschichtig, widersprüchlich, geheimnisvoll und komplex. Beeinflusst von jahrtausendealten Urinstinkten und dem neuesten Klatsch aus »Bunte« und »Gala«, geprägt vom eigenen Vater und dem allerersten Freund, getrieben von tausend Ängsten und noch mehr Sehnsüchten, geleitet von Muttergefühlen und der Suche nach ewiger Harmonie, zerrieben zwischen unerfüllten sexuellen Träumen und dieser blöden männlichen Sprachlosigkeit, über die wir ja schon geredet haben. Dazu kommt noch die unaufhörlich tickende biologische Uhr.

Wie Frauen ticken, das ist also ein ziemlich interessantes Thema. Und es ist eine logische Fortsetzung: »Wie Männer ticken« weiß Deutschland nämlich schon. Es war im Herbst 2005, als das kleine, nur teilweise ganz ernst gemeinte Büchlein die Bestsellerlisten stürmte. Das weibliche Deutschland las, lachte und lamentierte: Sind Männer wirklich SO simpel und SO schlicht strukturiert? Geahnt hatten sie es schon immer. Hier lasen sie es nun schwarz auf weiß.

»Wie Frauen ticken« ist natürlich ein Buch für Männer. Und eins ist sicher: Sie werden eine Menge lernen. Man kann Frauen nämlich alles Mögliche nachsagen – außer, dass sie so simpel und schlicht wie die Herren der Schöpfung sind.

»Wie Frauen ticken« kann aber auch eine nützliche Frauenlektüre sein. Weil Frauen so einiges lesen werden, was sie eigentlich schon immer mal sagen wollten. Sie werden sich wiedererkennen: Ganz egal, ob sie im Supermarkt an der Kasse sitzen, Hausfrau oder Managerin sind. Aus gutem Grund hat dieses Buch ja zwei Autoren, nämlich einen Mann und eine Frau.

Außer dem Autorenduo haben jede Menge weitere Frauen daran mitgearbeitet: In kleinen Diskussionsrunden mit einigen Gläsern Champagner, die ihnen halfen, wirklich locker, ehrlich und ungeschminkt über ihre Gefühle zu reden. Und in diversen Internetforen wie zum Beispiel der www.hausfrauenrevolution.com, in denen sie heftig diskutierten und auch kein Blatt vor den Mund nahmen.

Die Männer stellen ihre Fragen, und die Frauen antworten. »Fremde Galaxie«? Fangen wir an, das zu ändern!

1. KAPITEL

DIE FRAU UND DAS KENNENLERNEN

01 | WORAN MERKE ICH, OB SIE AN MIR INTERESSIERT IST?

Beginnen wir mit einer Überraschung. Manchmal sind Frauen und Männer gar nicht so verschieden, wie man denkt. Zum Beispiel beim ersten Kennenlernen in Kneipe, Bar oder Restaurant. Männer auf der Suche (das weiß man ja) lassen ständig den Blick kreisen und checken die anwesenden Frauen ab. »Mit der Ja – mit der Nein – die ist in Begleitung da, scheidet erst mal aus – aber die dahinten mit ihrer Freundin am Ecktisch ...?«

Dieses erste Abchecken ist absolut keine männliche Eigenheit, denn Frauen machen das ganz genauso. Sie haben allerdings andere Kriterien, und die sind nicht so simpel wie die schlichte Alternative »Mit dem würde ich gern mal, und mit dem würde ich nicht«.

Der Frau schießen nämlich gleich mehrere Fragen durch den Kopf. Sie ist da erheblich differenzierter. Die Fragen sind: 1.) Ob sie den Mann interessant findet. 2.) Ob sie ihn auch noch erotisch findet. 3.) Was wohl am Morgen danach wäre. 4.) Ob sie mit ihm wohl eines Tages Kinder haben möchte. 5.) Wie er als Vater wäre. 6.) Ob er vielleicht der Wunschprinz ist. Und 7.) Was sie an ihm stört (falsche Krawatte, falsche Brille, Nasenhaare, weiße Socken o.ä.). Das schafft eine Frau alles lässig im Bruchteil einer Sekunde, also buchstäblich beim ersten Blick!

Wird Frage 1 mit Ja beantwortet, kann man sich höchstwahrscheinlich für eine Weile ganz gut mit ihr unterhalten. Ergibt auch Frage 2 ein positives Ergebnis, kann man obendrein auch noch prima mit ihr flirten. So geht das weiter von Schritt zu Schritt. Bei Frage 7 ist die Frau übrigens großzügig und durchaus zu Kompromissen bereit. Schließlich will sie ihm ja später auch noch irgendetwas abgewöhnen können!

Der Mann steht schüchtern und einsam auf der anderen Seite des Lokals am Tresen und würde sich gerne näher heranwagen. Nur, er traut sich nicht. Geht er jetzt nämlich quer durch den Laden vor den Augen aller anderen Gäste zu ihr rüber, spricht sie an und bekommt einen Korb – dann wäre es für ihn so schlimm wie ein schmerzhafter Tritt in den Hodensack. Er würde sich ausgesprochen dämlich vorkommen, vor Scham im Boden versinken und am liebsten sofort gehen, ohne zu zahlen. Kann er denn nicht irgendwie schon vorher herauskriegen, ob SIE an IHM interessiert ist?

Er kann! Hier steht's. Wir haben Frauen gefragt: Erzählt doch mal. Wenn ihr ausgeht und ein Mann gefällt euch auf den ersten Blick ganz gut: Wie verhaltet ihr euch dann? Wie zeigt ihr dem armen Kerl, dass er sich ruhig näher herantrauen darf?

Erste Regel: Das Lächeln einer Frau ist das allerbeste Indiz. Es ist sozusagen die Eintrittskarte für alles, was vielleicht noch kommt. Wenn eine Frau überhaupt nicht herüberschaut und schon mal gar nicht lächelt, hat der Mann das erste Abchecken wahrscheinlich nicht überstanden. Er ist beim Blitz-Test durchgefallen. Das muss natürlich nicht unbedingt etwas heißen – vielleicht hat sie ihn ja noch gar nicht entdeckt?

Okay, sie hat gelächelt. Und nun? Zweite Regel: Nicht nervös werden! Weiter beobachten! Es gibt nämlich noch mehr positive Indizien. Sie schaut ganz woanders hin, legt den Kopf ein wenig schräg und spielt mit irgendwas herum, zum Beispiel zieht sie an ihrem Ohrläppchen oder am Ohrring, oder sie dreht etwas verlegen an den Perlen ihrer Halskette. Nun schaut sie schon wieder zum Mann herüber, wenn auch nur ganz kurz. Sie tuschelt mit ihrer Freundin, man fängt den dritten kurzen Blick ein, vielleicht sogar ein weiteres Lächeln? Das ist alles sehr, sehr gut. Jetzt könnte man durchaus schon etwas wagen und näher heranrücken, und dann – tja, dann braucht man nur noch den richtigen Spruch, stimmt's? Aber auf die richtige Anmache, so wie Frauen sie gern haben, kommen wir später noch zurück.

Nehmen wir nun einmal an, der Mann hat die erste Hürde genommen und kommt mit ihr ins Gespräch. So ganz genau weiß er natürlich immer noch nicht, was SIE von IHM hält. Wie kann er das herauskriegen? Es ist gar nicht so schwer: Er muss nur auf ihre Augen achten.

Erst schaut die Frau. Dann denkt sie. Deshalb sagen ihre Augen, was sie gerade denkt. Ihr Blick streift dem Mann über die Haare, auf die Hände, dann schaut sie ihn direkt an, und wieder geht der Blick auf Wanderschaft – sehr gut! Soeben bildet sie sich eine Meinung. Auf jeden Fall ist sie nicht desinteressiert.

Und wenn sie auf seine Lippen schaut? Das ist sogar eine glatte Eins. Sie denkt gerade: Wie wäre es wohl, wenn man sich näher kommt? Oder sie denkt sogar schon an den ersten Kuss!

Da sagt man immer: Frauen sind unglaublich kompliziert und sooo schwer zu begreifen. Aber im Grunde »ticken« sie gar nicht so schwierig. Das Problem sind vielmehr die Männer, die wenig begreifen, schlecht beobachten, daraus auch noch die falschen Schlüsse ziehen und am Ende eingeschnappt sind, obwohl sie selbst Schuld haben.

Gleich noch ein paar hilfreiche Tatsachen zum Thema »Woran merke ich, ob sie sich für mich interessiert«: Frauen senden ständig irgendwelche Signale aus, wenn sie ein Mann interessiert. So wie ein Leuchtturm. Pling, Pause, Pling, Pause, Pling, Pause. Das Signal kann bedeuten: »Komm, mach mich an!« Oder: »Dich möcht ich näher kennen lernen!« Die Frau möchte Aufmerksamkeit erregen. Sie möchte wahrgenommen werden. Und dafür lässt sie sich eine Menge einfallen. Vielleicht kramt sie in ihrer Handtasche vergebens nach Feuer. Oder nach einem Taschentuch. Oder sie verliert irgendwas. Oder sie kippt ganz zufällig ihr Glas um. Oder sie geht auf dem Weg zur Toilette direkt an »seinem« Tisch vorbei und schickt – pling – schon wieder ein Lächeln herüber.

Gibt man einer Frau Feuer, dann kann man auch eine Menge lernen. Denn beim Feuergeben ist sie ein offenes Buch! Es gibt nur zwei Möglichkeiten. Die erste: Sie zieht an der Zigarette, pustet den Rauch knapp an einem vorbei und sagt in irgendeine Richtung: »Danke.« Das ist schlecht. Kein gutes Signal! Die zweite: Sie zieht an der Zigarette, berührt einen dabei ganz zufällig mit der Hand, schaut einem tief in die Augen, haucht »Danke« und wendet sich nicht gleich ab: Sehr gut! Dieser Kandidat hat 100 Punkte. Aber natürlich wird man diesen Test nicht machen können, wenn man an eine Nichtraucherin geraten ist.

Vielleicht klingt das, was Sie bisher gelesen haben, wie eine Sammlung von Klischees. Stimmt! Aber diese Klischees werden täglich bedient. Tausendfach. In Kneipen, in Bars, in der Firma und auf Partys. Genau so, wie Männer »schwanzgesteuert« sind, denken Frauen – sorry – mit den Eierstöcken. Das wissen Frauen ganz genau. Nur reden sie nicht so gern darüber.

Solo-Frauen gehen ja am allerliebsten mit ihrer besten Freundin aus. Kommt man nun mit beiden ins Gespräch, sollte man sich auf jeden Fall intensiv um die Freundin kümmern. Die Frau, auf die man eigentlich scharf ist, kann man ruhig eine Weile links liegen lassen. Es wird sofort in ihr rumoren: Wieso flirtet der mit meiner Freundin statt mit mir? Was hat die dumme Kuh, was ich nicht habe? Sie wird umgehend alle Register ziehen, damit sich der Mann letztendlich doch noch IHR zuwendet. Das tut sie nicht bewusst. Sie MUSS die Konkurrentin ausschalten. Das ist einfach so in ihr drin. Sie kann nicht anders.

Leider sind die meisten Männer zu trottelig, um die einfachsten Signale wahrzunehmen. Wenn eine Frau zum Beispiel sagt: »Ich kenne mich überhaupt noch nicht aus in der Stadt!«, oder: »Ich war noch nie im Musical XY!«, oder: »Ich gehe ja so gern ins Theater!«, dann ist das bereits eine unverhohlene Aufforderung, umgehend einen konstruktiven Vorschlag für die erste Verabredung zu machen. Was für eine Steilvorlage braucht der Mann denn noch?

02 | WELCHE ANMACHSPRÜCHE FINDET SIE DANEBEN?

Alle, die auf jede Frau passen würden und eigentlich herzlich wenig mit ihr selbst zu tun haben. Zwar lässt sie sich gerne ansprechen, denn sie ist ja ein kommunikatives Wesen. Und ihr Selbstwertgefühl macht einen Luftsprung, wenn sich jemand für sie interessiert. Aber da haben wir es: Für SIE soll er sich interessieren! Und darum sind Sprüche wie »Ich habe meine Telefonnummer verloren, gibst du mir deine?« ebenso daneben wie »Dich hat der Himmel geschickt«. Man muss wirklich staunen, wie einfallslos viele Männer sind!

Ein kluges Kerlchen verhält sich wie ein erfahrener Jäger. Erst die Beute eine Weile beobachten und ausforschen, listig anschleichen und dann – muss der Pfeil einfach treffen. »Warum tanzt du nicht weiter? Ich könnte dir stundenlang dabei zuschauen« ist ein Anmachspruch, der jeder Frau gefällt. »Du hast eine wunderschöne Kette um, wo ist die denn her?« ebenfalls. Eine schlechte Anmache klingt austauschbar. Eine gute Anmache erweckt das Gefühl: Er meint mich, mich ganz persönlich und nur mich! Aber leider bringt selbst ein sorgsam ausgesuchter, ganz persönlicher Spruch nicht zwangsläufig den gewünschten Erfolg. Statt sich nett zu unterhalten, lässt sie einen vielleicht doch eiskalt abfahren. Warum sie manchmal so gemein ist? Darauf kommen wir noch zurück.

Erst mal ein anderes Thema, das auch zur »Anmache« gehört. Viele Männer legen ja gern ihren Autoschlüssel demonstrativ auf den Tisch und wollen damit gleich klarstellen: »Hallo, ich bin nicht irgendwer. Ich fahre eine tolle Karre, wie du bestimmt schon gemerkt hast.« Oje, das kommt gar nicht gut. Es wirkt irgendwie protzig und aufgesetzt. Denn SIE weiß natürlich genau, warum sein Autoschlüssel nicht in der Hosentasche geblieben ist!

Am Anfang interessiert sie alles Mögliche, aber ganz bestimmt nicht die Automarke. Und wenn sie dann doch erfährt, was er fährt? Findet sie ein tolles Auto vielleicht sogar erotisch?

Erotisch, naja, sagen wir mal so: Das Auto muss zum Mann passen. Es ist ein Teil seiner Persönlichkeit. Sie achtet mehr darauf, wie er fährt und wie er sein Auto behandelt, als auf die Marke. Legt er Wert auf Sauberkeit, oder ist ihm das völlig egal? Hat er gute Musik und anständige Boxen? Fährt er entspannt oder ist er am Steuer gereizt? Man kann durchaus behaupten, dass die Frau aus dem Auto des Mannes und aus seinem Umgang damit eine Menge Rückschlüsse auf ihn selbst zieht.

Alles muss zusammenpassen. Der Mann, sein Auto und sein Fahrstil. Ist das alles authentisch und schlüssig und gefällt ihr dieses Zusammenspiel gut, so kann ein Auto und das ganze Drumherum durchaus erotisch wirken. Wenn's dann obendrein noch ein schicker BMW oder gar ein Porsche ist, hätte sie nicht unbedingt etwas dagegen.

Manchen Männern fällt nichts Besseres ein, als gleich am Anfang so ganz nebenbei ihr Gehalt zu erwähnen. Das geht ÜBERHAUPT nicht! Aber die Frage ist natürlich erlaubt: Wie wichtig ist einer Frau eigentlich das Einkommen eines Mannes?

Wenn sie der Blitz der Liebe trifft, dann ist es ziemlich egal. Andererseits: Frauen, die eine langfristige Beziehung planen, denken sofort an alle möglichen Konsequenzen. Dabei spielt der Versorgungsgedanke durchaus eine Rolle. Wie werden wir später leben? Was werden wir uns leisten können? Werde ich immer mitarbeiten müssen? Das alles gehört zu dem Film, der in ihrem Kopf abläuft.

Heute stecken viele Frauen noch in der Ausbildung, wenn sie ernsthaft über Kinder nachzudenken beginnen. Und wie man alles auf die Reihe kriegt, Beruf, Ausbildung, Kinder und Familie, das ist durchaus auch ein finanzielles Thema. Wird man sich einen privaten Kindergarten leisten können? Vielleicht sogar eine Haushaltshilfe? Verdient er sein Geld leicht oder schwer? Wird er viel zu Hause sein und sich auch mal kümmern können? Oder muss ich ganz auf ihn verzichten, damit wenigstens das Notwendige hereinkommt?

Frauen denken nicht materialistisch, sondern praktisch. Viel Geld ist für sie ein angenehmer Nebeneffekt. Letztendlich entscheidend ist es aber für die meisten nicht.

03 | WAS FINDET SIE AN MÄNNERN SEXY?

Schöne Hände, schöne Zähne, ausdrucksvolle Augen, eine geile Stimme und einen knackigen Po. So liest man das in jeder Frauenzeitschrift. Und – es stimmt! Wobei man auch noch mehr ins Detail gehen kann. 82 Prozent aller Frauen legen auf schöne Augen Wert, 61 Prozent gucken dem Mann auf den Mund. Für 49 Prozent sind schöne Hände entscheidend. Gute Nachricht: Ein Waschbrettbauch ist nur 17 Prozent der Frauen wichtig! Bei letzterer Zahl ist Folgendes interessant: Je jünger die Frau, desto weniger hat sie gegen Rettungsringe (von den 40- bis 60-jährigen Frauen legt immerhin doch jede vierte (24 Prozent) Wert darauf, dass der Mann beim Pinkeln sein bestes Stück sehen kann). Von Autos war schon im letzten Kapitel die Rede, aber zum Thema Auto und sexy gibt es doch noch eine spannende Zahl: Nur 2 Prozent der Frauen sagen, dass sie ein schönes großes Auto sexy finden.[1]

Wenn ein Mann nun aber keine schönen Hände, sondern Wurstfinger hat, wenn seine Augen so ausdrucksvoll sind wie eine leere Wodkaflasche, wenn seine Stimme dem Quaken eines Frosches beim Ficken mehr ähnelt als der von Til Schweiger beim Flirten, und wenn er keinen knackigen Hintern, sondern einen Schwabbel-Arsch hat, dann kann er trotzdem sexy sein. Denn es gibt keine Regel ohne Ausnahme. Und die Ausnahme heißt in diesem Fall: Dann muss er wenigstens »witzig« sein.

Mit »witzig« meint die Frau aber nicht, dass ein Mann gut Witze erzählen kann. Es ist mehr eine Frage der Schlagfertigkeit oder der Intelligenz. »Intelligenz macht sexy«, sagen die Frauen. »Man muss mit ihm lachen können. Lachen ist das Wichtigste. Wenn er witzig ist, hat er schon gewonnen.« »Was bringt das gute Aussehen? In ein paar Jahren sieht der Typ auch nicht mehr so aus wie heute. Innere Werte zählen letztlich mehr!« Wurstfinger, leerer Blick, Quäkestimme und Hängearsch sind also gar nicht so schlimm – solange der Mann »witzig« ist.

---

1 *Untersuchung der Zeitschrift »Best Life«*

Verfügt er jedoch weder über Witz noch über schöne Hände noch über ausdrucksvolle Augen noch über eine geile Stimme und hat schon mal gar keinen knackigen Po, dann hilft ihm nur noch eins: Dass sie ihn so will, wie er ist. Dass der legendäre Blitz bei ihr einschlägt und sie sich jenseits aller Geschmacks- und Vernunftsgrenzen Hals über Kopf verliebt, auch wenn alle ihre Freundinnen den Kopf schütteln.

Eine Frau am ersten Abend immer wieder zu überraschen und sie zum Lachen zu bringen, das ist keinesfalls verkehrt. Unglückseligerweise haben Männer und Frauen aber manchmal einen ganz unterschiedlichen Humor. ER denkt vielleicht, mit einer besonders originellen (wenn auch nicht ganz ernst gemeinten) Bemerkung ihr Herz erobern zu können. Und SIE denkt: Der spinnt doch!

Das gilt zum Beispiel für den Heiratsantrag am ersten Abend. Man redet, man lacht, man flirtet – und irgendwann schaut er ihr tief in die Augen und fragt, ob sie seine Frau werden will. Das ist hochbrisant und kann voll danebengehen! Gut möglich, dass sie augenblicklich den Kellner um die Rechnung bittet, ihr Essen selbst zahlt und geht!

Aber wenn sie dann zu Hause ist und in den Spiegel schaut ... Wenn sie den ersten Schock überwunden hat ... Dann gesteht sie sich vielleicht doch ein, dass sie ehrlich verblüfft war und die ganze Sache ihrem Ego durchaus geschmeichelt hat.

Jede Frau möchte einzigartig sein. Und wenn der Mann nicht lange prüfen muss, bevor er sich ewig bindet, sondern gleich am ersten Abend weiß: »Du bist es«? Das ist doch der Stoff, aus dem die Märchen sind. Und alle Frauen lieben Märchen. Vor allem, wenn sie selbst die Rolle der Prinzessin spielen dürfen.

Wägt man Für und Wider ab, ist unterm Strich aber trotzdem von solchen Experimenten abzuraten. Wie peinlich und unangenehm für sie, wenn der Mann nun gar nicht ihr Typ ist und schon allein deshalb keinesfalls als Partner in Frage käme! Was soll sie denn dann sagen? In diesem Fall wird der erste Abend wohl auch der letzte gewesen sein. Und, Vorsicht: Wenn sie ihren Freundinnen von dem spontanen Heiratsantrag erzählt und dabei erfährt, dass er diese Masche auch schon bei anderen versucht hat – geht die Chance auf ein Wiedersehen eindeutig gegen null.

Ob sie einen Mann sexy findet, das hängt auch mit seiner Größe zusammen. Will sie einen, zu dem sie aufschauen kann? Im Prinzip ja.

Das passt zwar überhaupt nicht zur Emanzipation der Frau, aber es ist einfach so! Keine Frau schaut gern auf ihren Partner herab. Weder auf Grund ihrer geistigen Überlegenheit noch auf Grund ihrer Körpergröße.

Aber natürlich gibt es Ausnahmen. Wenn die Frau zum Beispiel über 1,90 m groß ist, wäre der Kreis ihrer möglichen Partner geradezu drastisch reduziert, denn sie schaut auf fast jeden herab. Und die zweite Ausnahme: Männer mit extrem starker Ausstrahlung und Persönlichkeit können so klein sein, wie sie wollen. Bei denen vergisst die Frau ihre Prinzipien. Sie fühlt sich beschützt und »klein«, auch wenn sie einen Kopf größer ist.

Prominente Beispiele: Bernie Ecclestone ist 1,60 m klein, seine Slavica ist 1,87 m groß. Sylvester Stallone misst 1,72 m, Brigitte Nielsen hingegen 1,85 m – nach ihm kam Mattia Dessi mit 1,67 m. Penny Lancaster (1,86 m) überragt ihren Mann Rod Stewart um 13 cm, Roman Polanski ist 9 cm kleiner als seine Emmanuelle, und L'Wren Scott schaut 16 cm auf Mick Jagger herunter!

04 | WIE KRIEGE ICH RAUS, OB SIE SINGLE IST?

Das ist eigentlich ganz leicht. »Na, habt ihr heute euern Frauenabend?« Diese Frage zielt schon mal ziemlich ins Schwarze. Die Antwort »Ja, den haben wir immer mittwochs« (zu Hause wartet jemand!) ist nämlich genauso aufschlussreich wie diese: »Wir haben nur Frauenabende« (zu Hause wartet niemand). Letzteres klingt natürlich besser. Aber auch, wenn offensichtlich ein Partner im Spiel ist, darf man weiter neugierig sein. Warum lässt dieser Mann eine so schöne Frau alleine ausgehen? Macht er sich denn gar keine Sorgen?

Ganz wichtig ist hierbei die Körpersprache einer Frau. Wenn sie freimütig über ihren daheim gebliebenen Partner spricht und einen dabei offen anschaut, dann ist ihre Beziehung glücklich und man sollte erwägen, den Jagdtrieb für den Rest des Abends auf ein anderes Objekt der Begierde zu konzentrieren. Wenn sie aber plötzlich die Augen senkt, in ihr Glas schaut oder sich eine Zigarette ansteckt, wenn sie also ganz offenbar nicht so gern auf dieses Thema angesprochen wird, dann ist die Beziehung möglicherweise in einer schweren Krise oder sogar schon kurz vorm Ende. Auch das klingt fast zu simpel, um wahr zu sein – aber so ist es.

Bei Frauen, die theoretisch schon Kinder haben könnten, fragt man vielleicht, wer denn auf die lieben Kleinen aufpasst. Dann wird sie ja irgendwas antworten. »Mein Mann«, »mein Freund« oder »welche Kinder?«. Hat sie keine, kann man getrost in dieser Richtung weiter fragen: Warum denn nicht? Fehlt vielleicht noch der richtige Partner? Oder steht die Karriereplanung im Moment noch an erster Stelle? Man interessiert sich offensichtlich für sie, und gleichzeitig horcht man sie geschickt aus. Das klappt fast immer und kommt bei allen Frauen gut an!

Die Frau möchte natürlich auch herauskriegen, mit wem sie es zu tun hat. Nach dem Ehering hat sie schon längst geschaut, aber der kann ja auch in der Hosentasche stecken. Und wenn das so ist? Würde sie denn mit einem verheirateten Mann ...?

Wenn ihr danach ist, kann es durchaus passieren. Für eine Affäre sind verheiratete Männer sogar besser als Singles. Sie stellen keine Ansprüche. Es ist mit ihnen immer schön. Sie zeigen stets ihr Sonntagsgesicht. Und der ganze Alltagskram entfällt (den kann die Gattin mit ihm ausdiskutieren). Verheiratete Männer haben nur den Nachteil, dass sie irgendwann wieder gehen müssen. Sonst eigentlich keinen. Aber es gibt doch zweifellos viele Frauen, die sagen: Mit einem verheirateten Mann würde ich niemals etwas anfangen! Meinen die das denn ernst? Im Prinzip ja, aber ...

Frauen, die von einer richtig schönen Beziehung träumen und keine Lust auf eine Affäre haben, stecken in einem Dilemma. Die Chancen, an einen Single zu geraten, sind relativ gering. Die Guten sind meistens vergeben. Und Männer mit größeren Macken wollen sie auch nicht unbedingt haben. Sie müssen also damit rechnen, fast nur an Männer mit Ehering oder fester Freundin zu geraten.

Es kommt deshalb entscheidend darauf an, welche Qualität die Ehe hat. Ist er vielleicht unglücklich und wartet nur auf sie, die Retterin? Könnte sie nicht ihr Helfersyndrom ausleben und ihn aus dieser misslichen Beziehung befreien? Dann würde sie schon mit einem verheirateten Mann. Aber er müsste sich schnell entscheiden.

Nach ungefähr vier Wochen erwartet sie von ihm, dass er die Weichen seines Lebens neu gestellt hat. Wenigstens im Kopf. Nach vier Wochen will sie wissen, woran sie ist. Wenn es nun noch einige Dinge zu regeln gibt in seinem Leben (vielleicht hat er ja Kinder, ein Haus oder sonstige Verpflichtungen), dann hätte er dafür weitere zwei Monate Zeit. Aber danach – muss er Nägel mit Köpfen machen. Drei Monate. Dann will sie Ergebnisse sehen.

Frauen sind nicht unbedingt konsequent. Vor allem nicht, wenn sie lieben. Jeder kennt diese endlosen Geschichten, wo aus drei Monaten zehn Jahre geworden sind, und die Geliebte ist immer noch die Geliebte. Aber anfangs ist sie absolut überzeugt: Erstens nie mit einem verheirateten Mann. Zweitens: Wenn ja, dann muss seine Beziehung eh schon den Bach runter sein. Drittens: Einen Monat Bedenkzeit hat er, mehr nicht. Viertens: Nach drei Monaten soll er ihr gehören.

05 | WARUM TUT SIE SO ARROGANT, WENN MAN SIE ANSPRICHT?

Das hat jeder Mann schon mal erlebt. Und jeder hasst es wie die Pest. Anstatt sich zu freuen, dass ein netter Kerl wie er sich ausgerechnet für sie interessiert, setzt sie ihre gelangweilteste Miene auf. Konsequent schaut sie an einem vorbei und tut, als wäre sie mindestens Heidi Klum und würde gerade mit einem Autogrammwunsch belästigt. Wahrscheinlich sind die Jungs am Nachbartisch alles ihre persönlichen Bodyguards oder so. Will sie denn gar niemanden kennen lernen? Oder muss es gleich am Anfang so mächtig »klick« machen, dass sie vor Begeisterung in Ohnmacht fällt?

Eine Möglichkeit für ihre Arroganz ist natürlich: Sie findet den, der sie anspricht, absolut unspannend. Sie möchte sich nicht mit ihm unterhalten und lieber ihre Ruhe haben. In diesem Fall war es einfach der falsche Versuch zur falschen Zeit am falschen Objekt. Und man kann nichts, aber auch gar nichts daran ändern. Es gibt aber eine zweite Möglichkeit; Frauen sind ja nun mal nicht leicht zu begreifen. Vielleicht fällt es ihr schwer, sich einfach so auf etwas Neues einzulassen! Erst einmal verteidigt sie ihre Domäne. Sie baut mit Blicken und Gesten eine Mauer um sich auf, schaut demonstrativ woanders hin und lässt den Mann vorerst links liegen. Soll ER doch schauen, wie er weiterkommt! Soll ER doch erst mal die Mauer überwinden!

Es kann also durchaus sinnvoll sein, sich von weiblicher Arroganz nicht abschrecken zu lassen und nach dem Motto »Jetzt erst recht« einfach dranzubleiben, dies und jenes zu erzählen, viel und interessiert zu fragen und einfach so zu tun, als hätte man die »Mauer« gar nicht bemerkt. Kommt man damit auch nicht weiter, hilft nur noch die Flucht nach vorn: Ehrlichkeit. »Ich würde mich gern mit dir unterhalten, aber ich habe nicht das Gefühl, dass du dich mit mir unterhalten möchtest« ist gar kein schlechter Spruch. Denn spätestens jetzt wird man rauskriegen, was mit ihr los ist.

Da war eben die Rede von dem »Klick« im allerersten Moment. Auch da ist was dran. Irgendwas sollte ein Mann haben, was sie von Anfang an faszinierend findet. Sonst besteht die Gefahr, dass allenfalls eine »gute Freundschaft« draus wird, aber niemals mehr.

Für den Anfang reicht es vollkommen aus, wenn sie irgendwie an ihm interessiert ist und sich gedanklich mit ihm beschäftigt. Es muss zwischen Mann und Frau immer eine grundsätzliche Spannung spürbar sein, auch wenn es vielleicht noch lange nicht zu einer Beziehung kommt. Das kann eine erotische Spannung sein, aber auch eine intellektuelle. »Tausend Mal berührt, tausend Mal ist nichts passiert«? Diese Geschichte ist in der Realität eher selten, denn da war ja offenbar tausend Mal von Spannung gar nichts zu spüren.

Übrigens wagen Frauen beim Kennenlernen nur selten den ersten Schritt. Nicht einmal die Hälfte der weiblichen Singles würde einen Mann in der Öffentlichkeit ansprechen.[2] Ob diese schüchternen 50 Prozent wohl wissen, dass zwei Drittel der Männer es ausdrücklich gut finden, wenn sie von einer Frau angesprochen werden? Und dass – statistisch betrachtet – jeder fünfte Versuch, einen schüchternen Mann anzusprechen, zu einer richtigen, dauerhaften Beziehung führt?

Also, die Regel heißt: Selbst wenn's bei ihr »klick« gemacht hat, kann sie ätzend arrogant tun. Aus reiner Selbstverteidigung, aus Schüchternheit, Unsicherheit oder – aus Prinzip.

2 *GfK-Untersuchung für match.com*

06 | WARUM MACHT SIE IMMER DIESE SPIELCHEN?

Es könnte doch alles so einfach sein. Er mag sie, sie mag ihn und bingo. Männer träumen davon, dass es so funktioniert. Aber so simpel ist es meistens leider nicht. SIE ist vielleicht schon monatelang mit einem großen unsichtbaren Schild herumgelaufen, auf dem »Ich suche einen Kerl zum Verlieben« steht – aber kaum hat sie einen in Sichtweite, verschanzt sie sich hinter einem Geflecht aus »Nein« und »Jein«, aus Nicht-Zurückrufen, zickig sein und »Komm mir ja nicht zu nahe«.

ER wiederum ist verunsichert und leidet: Mag sie mich vielleicht gar nicht? Mache ich denn alles falsch? Wann darf ich sie anrufen? Bin ich der Liebeskasper? Gehe ich ihr vielleicht auf die Nerven mit meiner Anbaggerei? Sollte ich nicht lieber den Coolen spielen und sie links liegen lassen, bis sie selbst angekrochen kommt?

Wenn eine Frau an einem Mann interessiert ist, zieht sie sich erst einmal auf ihre eigene Burg zurück. Das hat mehrere Gründe.

Erstens möchte sie sich keinesfalls dem Nächstbesten an den Hals werfen. Sondern sie möchte wissen, ob er sie auch verdient. Und was er sich einfallen lässt, um ihr Herz zu gewinnen.

Zweitens hat sie Angst, dass er rasch wieder das Interesse an ihr verliert. Wenn sie sich allzu schnell hingibt, wäre ja vielleicht für ihn der Reiz dahin! Also wird sie all die Spielchen spielen, die es ihm erst einmal schwer machen. Sie möchte erobert werden – mit Charme, mit Witz, mit Phantasie und vielen originellen Ideen.

Drittens sind diese »Spielchen« ein Test für die Ewigkeit. Frauen möchten immer gern wissen, ob eine Beziehung auf Dauer halten könnte. Ist er verlässlich? Kämpft er um die Liebe? Zeigt er Einsatz? Oder ist er phantasielos, gibt schnell auf und verliert die Lust? All das gibt ihr Hinweise darauf, wie er sich später einmal verhalten wird. Insofern sind die »Spielchen« doch eigentlich gar keine so schlechte Idee, auch wenn Männer daran verzweifeln.

Das gilt vor allem für die Frage, wann man die Dame denn nun anrufen darf. Gar nicht, gleich, morgen, übermorgen, nach einer Woche? Schwierig, schwierig. Mal sehen, was die Frauen dazu sagen.

Einerseits sollte man nicht zu lange warten, wenn man gerade erst die Telefonnummern ausgetauscht hat. Andererseits sollte man sich auch nicht zu früh melden, denn das Spiel muss ja spannend bleiben. Noch am selben Abend kann man eine SMS schicken. Nur zwei Worte: »Gute Nacht«. Das ist nicht nur eine nette Geste – sondern auch der versteckte Hinweis, dass man die richtige Nummer herausgegeben hat. »Gute Nacht, träum von mir« oder »Gute Nacht, es war ein schöner Abend« wäre aber schon zu viel des Guten. Am besten einfach nur »Gute Nacht«.

Sie wird diese SMS vermutlich nicht sofort beantworten, sondern sie wird einen erst mal zappeln lassen. Es kann aber gut sein, dass man am nächsten Morgen eine SMS bekommt, die auch nur aus zwei Worten besteht: »Guten Morgen«. Wunderbar! Das läuft Klasse!

Nun sollte man den ganzen Tag verstreichen lassen und sich in Zurückhaltung üben. Auch abends meldet man sich noch nicht, ebenso wenig am Tag darauf. Das wäre etwas früh. Der nächste – also Tag 3 nach dem ersten Kennenlernen – ist dann der richtige, um ihre Nummer zu wählen und sich erneut mit ihr zu verabreden.

Wer noch länger wartet, der muss – nur aus spielerischen Gründen – mit einer vorläufigen Absage rechnen, so nach dem Motto: »O schade, dummerweise habe ich mir gerade etwas anderes vorgenommen.«

Ohne Spielchen und Trickserei funktioniert es leider nicht. Um die Männer zu trösten: Diese Riten sind uralt und gehören einfach dazu. Wer nicht mitspielen mag und die neue Flamme gleich in der ersten Nacht mit Liebesschwüren vollsülzen möchte, der kann natürlich trotzdem Glück haben. Empfehlenswert ist ein derart forsches Rangehen aber keinesfalls. Wenn ein Mann unsicher ist, wie er sich verhalten soll, dann gilt die Regel: Im Zweifel abwarten. Es hat sich noch keiner zu spät als schwer verliebt geoutet. Aber schon viele Beziehungen sind gar nicht erst zustande gekommen, weil man zu schnell sein wollte!

07 | WIE MACHT MAN SIE ERFOLGREICH AN?

Erste Regel: Beim ersten Kontakt alle Fragen vermeiden, die mit »Ja« oder »Nein« beantwortet werden können. Allzu schnell heißt die Antwort nämlich Nein, auch wenn SIE vielleicht viel lieber Ja oder wenigstens Jein sagen würde. Falsch: »Darf ich mich zu Ihnen setzen?« (Das wäre eine klassische Ja-Nein-Frage.) Besser: »Ich setze mich mal kurz dazu, weil ... Aber ich gehe gleich wieder.« (Das ist keine Ja-Nein-Frage, und SIE kann nun erst einmal in Ruhe die Lage checken.)

Zweite Regel: Man sollte sich nicht klein machen. Frauen mögen keine Männer, die vor ihrer eigenen Courage Angst haben. Falsch: »Entschuldigung, hätten Sie mal Feuer?« Wieso entschuldigen? Für was? Besser: »Ich bin sicher, dass Sie Feuer haben. Darf ich ...?« Wobei der unüberhörbare Doppelsinn dieser Floskel zwar absolut platt ist, aber das macht nichts. Jede Frau kennt mindestens eine Anmache, die noch platter ist!

Dritte Regel: Alle Komplimente vermeiden, die irgendwie austauschbar klingen. Falsch: »Deine Augen sind einfach unglaublich ...« Besser: »Dein fröhliches Lachen fällt mir schon eine ganze Weile auf.« Keine Frau findet es toll, wenn sie nur wegen ihres Äußeren angesprochen wird! Aber ihr Lachen ist etwas Persönliches, Unverwechselbares.

Vierte Regel: Augenkontakt halten! Man kann fast jede Frau beeindrucken, indem man ihr tief in die Augen schaut. Falsch: Immer mal wieder checken, wer sonst noch in dem Laden unterwegs ist. Besser: Den ganzen Laden vergessen und nur dieser einen Frau in die Augen schauen.

Fünfte Regel: Unaufdringlich aufmerksam sein. Feuer geben. Auf ihr leeres Glas achten und nachbestellen. Nicht rauchen, wenn sie nicht raucht (bzw. wenigstens vorher fragen). Ihr in den Mantel helfen, wenn sie gehen möchte. Aber keinesfalls übertreiben! Falsch: Aufstehen, wenn sie auf Toilette geht bzw. zurückkommt. Richtig: Sitzen bleiben!

Die sechste Regel ist die wichtigste. Sie lautet: Höre einer Frau 80 Prozent zu und erzähle 20 Prozent von dir. Falsch: »Ich habe ...«, »Ich mache ...«, »Ich bin ...«, »Ich fahre ...«, »Ich möchte ...«. Besser: In den ersten Minuten so viele Informationen wie möglich über SIE herausbekommen und sich vollkommen darauf konzentrieren. Intelligente Zwischenfragen stellen und wirklich so tun, als sei sie die wichtigste Person auf der ganzen Welt! (Schließlich ist sie das ja auch. Zumindest im Moment.) So lange nachfragen, bis sie selbst sagt: »Und nun erzähl aber auch mal was von dir!«

Die Frau als solche ist manchmal so einfach zu begreifen. Sie liebt es, wenn ein Mann an ihr Interesse zeigt. Sie möchte das Gefühl haben, eine Mischung aus Model und Filmstar zu sein. Sie mag es übrigens durchaus, wenn der Mann zwischendurch eine eigene Meinung äußert und nicht nur an ihren Lippen hängt wie ein zappelnder Fisch an der Angel! Aber es müssen kluge Bemerkungen sein, die sich auf sie beziehen und sonst auf nichts. Sie muss an seinen Bemerkungen spüren, dass er wirklich aufpasst und gut zugehört hat.

Frauen finden es ätzend, wenn ein Mann die kleinste Gesprächspause nutzt, um selbst eine spannende Geschichte zu erzählen. Verbotene Sätze sind: »Ja, dazu kann ich auch was erzählen.« Oder: »Da fällt mir ein, was ich mal erlebt habe.« Oder: »Dazu weiß ich eine Geschichte, die ist noch viel verrückter!« Nimmt das Gespräch so eine Wendung, dann lenkt es von der Frau ab, und das mag sie nicht.

Wenn man das Wort »ätzend« noch steigern kann, dann trifft es auf Männer zu, die unbedingt zu jedem Thema einen Witz erzählen müssen. Nein, nein, nein! Keine Witze am ersten Abend, bitte nicht! Selbst wenn sie einen erzählt, was ja vielleicht noch ganz niedlich ist!

Ätzend, ätzender ... Am ätzendsten (ein blödes Wort) ist der Satz: »Da kenn ich auch einen.« Dann erzählt man sich gegenseitig Witze und lacht sich schlapp? Peinlicher geht es nicht mehr.

Mit Witzen kann man nicht mal eine bleierne Gesprächspause überbrücken. Es kann ja sein, dass SIE eher schweigsam und verschlossen ist. In diesem Fall darf man durchaus ein wenig mehr als die besagten 20 Prozent von sich selbst erzählen. Aber man sollte keine Gelegenheit auslassen, die Frau zu »öffnen«. Immer wieder nach ihrer Meinung fragen, nach ihren Erlebnissen, nach ihren Erfahrungen, das ist doch nicht schwer!

Der kluge Mann achtet dabei auf ihre Körpersprache. So lange er von sich erzählt, wird sie ihn beobachten. Schaut sie ihn direkt an? Lächelt sie? Hängt sie an seinen Lippen? Das ist gut. Eine desinteressierte

Frau schaut weg oder zupft sich irgendwo am Kleid. Oder sie wechselt plötzlich das Thema. Oder sie erzählt einen Witz. Das ist dann ganz, ganz schlecht.

Ist nun der Moment gekommen, wo ein Mann ausdrücklich etwas von sich selbst erzählen soll, so muss er vorsichtig sein. Eher zögern! Nur so bleibt man geheimnisvoll. »Ich bin in der Textilindustrie tätig« ist besser als »Ich bin stellvertretender Abteilungsleiter bei H&M«. »Mein Mieter sagt ...« ist besser als »Ich habe eine schicke Eigentumswohnung geerbt«. Und »neulich auf den Harley-Tagen in Hamburg« ist besser als »ich fahre eine fette Harley«. Man bindet ihr auch nicht auf die Nase, dass man seit drei Monaten Single ist und exakt so lange keinen Sex mehr hatte. Sondern man lässt geschickt einfließen, dass man sich vor drei Monaten leider von der letzten Freundin trennen musste und seitdem das Alleinsein schätzen gelernt hat. Obwohl ... Das muss ja nicht für immer sein ... (An dieser Stelle ist wiederum direkter Augenkontakt angebracht.)

08 | HEISST ES BEINAHE SCHON »JA«, WENN SIE MIT MIR ESSEN GEHT?

Keinesfalls. Obwohl man sagen könnte: Die Richtung stimmt. Es kann dennoch mehrere vollkommen harmlose Gründe geben, warum SIE sich von IHM zum Essen einladen lässt. Vielleicht denkt sie: Okay, ich gehe einmal mit ihm aus, und dann habe ich meine Ruhe? Oder sie hat festgestellt, dass man mit ihm ganz gut reden kann – aber mehr wird nie sein? Oder sie hofft, dass ein gewisser unverbindlicher Kontakt zu ihm (bei einem gemeinsamen Essen intensiviert) für sie beruflich von Vorteil sein könnte? Oder sie möchte ganz einfach mal wieder schön ausgehen, was sie sich sonst gar nicht leisten könnte? Und das auch noch beim teuersten Italiener der Stadt, warum denn nicht? Vielleicht möchte sie sich endlich mal wieder schick zurechtmachen und Leute gucken, sehen und gesehen werden! Man sollte also keinesfalls glauben, dass eine Verabredung zum Essen schon die halbe Miete ist.

Andererseits kann man kluge Schlüsse aus den Fragen ableiten, WANN sie bestellt und WAS sie bestellt. Zum Thema »wann«: Wenn der Kellner die Speisekarte gebracht hat und sie sich augenblicklich in die Lektüre vertieft, um sich dieses und jenes auszusuchen, dann zeigt der Daumen eher nach unten. Sie ist wohl vor allem an einer warmen Mahlzeit interessiert, aber nicht so sehr an einer heißen Nacht.

Wenn sie aber die Speisekarte erst einmal ignoriert und mit ihm redet und redet, und der Kellner kommt schon zum dritten Mal und fragt, ob man nicht endlich einmal bestellen möchte: Dann zeigt der Daumen eher nach oben. Hier geht es nicht so sehr ums Essen.

Zum Thema »was sie bestellt«: Eine Frau, die »einen Salat und ein Mineralwasser« ordert und schon dabei auf die Uhr schaut, kann man getrost vergessen. Das wird heute Nacht wohl eher nix. Ist sie einem Aperitif nicht abgeneigt, es darf auch gern Champagner sein, und zum Essen trinkt man Wein, lieber gleich eine Flasche, sie entscheidet sich freudig für eine üppige Vorspeise und einen gepflegten Hauptgang, beim Dessert schaut sie noch mal gesondert in die Karte, und nun muss dringend der eine oder andere Verteiler her: Das schmeckt alles nach einem sinnlichen Abend und einem Espresso bei ihr zu Hause.

Wobei man auch dabei durchaus mit Enttäuschungen rechnen sollte. Den Autoren sind Fälle bekannt, wo junge Frauen vor so einem Abend ihre Freundinnen abtelefonieren: »Sag mal, was ist im Moment der angesagteste Italiener der Stadt? Der XY lädt mich zum Essen ein, das lasse ich mir doch nicht entgehen!« Dann schlagen sie sich so richtig den Bauch voll, trinken fast bis zum Abwinken, genießen ihr Leben als kleine Prinzessin und fühlen sich großartig. Werden sie dann müde, lassen sie sich von dem zahlungskräftigen Ritter mit der Taxe nach Hause bringen, schlafen schon im Auto an seiner Schulter ein und kriegen so eben noch ein »Danke für den netten Abend« über die Lippen. Und das war's. Oh, shit: Da hat er wieder mal viel Geld für nix investiert.

Denn natürlich hat er die Rechnung zu zahlen. Das ist ganz, ganz wichtig. Kein Mann sollte auf die Idee kommen, auf die Frage des Kellners (»Zusammen oder getrennt?«) mit Letzterem zu antworten. Er wird dann »getrennt« sein, noch bevor er »zusammen« war, garantiert!

Wie man das später regelt, wenn man schon eine Weile ein hübsches Paar ist, das steht auf einem anderen Blatt. Beim Kennenlernen zahlt nur einer, und das ist der Mann. Altmodisch? Ja! Frauen sind herrlich altmodisch! Noch schlechter als die Rechnung teilen ist übrigens das großmütige »Ich übernehme die Getränke«. Das geht gar nicht. Ein Mann sollte nur mit Frauen ausgehen, die er sich auch leisten kann – und er sollte sich vor Frauen hüten, die sich nicht von ihm einladen lassen. Die sind genauso uncool und verspannt wie die »Ein Salat und ein Mineralwasser«-Frauen. Hat eine Lady Feuer gefangen, so bedankt sie sich nicht einfach so für die Einladung, sondern sie sagt: »Dann zahle ich das nächste Mal.« Oder, noch besser: »Dann koche ich uns nächstes Mal was Leckeres.«

09 | WIE MERKT MAN, DASS MAN JETZT KNUTSCHEN DARF?

Männer, euch muss man aber auch alles erklären. Wo sind bloß die klassischen Verführer hin? Die Fragen in diesem Buch sind ja nicht willkürlich gewählt, sondern es handelt sich um die von Männern am häufigsten gestellten. Na denn: Hier kommt der ultimative »Küssen-Sie-die-Dame-jetzt«-Ratgeber.

Viele Männer haben Angst davor, den richtigen Moment zu verpassen. Müssen sie aber nicht. Es hat schon manch einer zu früh mit Knutschen angefangen; zu spät geht nicht. Denn wenn die ganzen Rahmenbedingungen stimmen und ER es einfach nicht tut, dann wird SIE schon irgendwann die Initiative ergreifen. Frauen sind heute durchaus in der Lage, einen Mann zu küssen, bevor der sie küsst! Echt! Das gibt es sogar immer häufiger!

Zur Sache. Erstens: Ein gewisser vorsichtiger Hautkontakt sollte bereits stattgefunden haben. Sie legt vielleicht ganz unverbindlich und wie zufällig die Hand auf seinen Arm; man steckt die Köpfe zusammen und beschnuppert sich. Er macht ihr ein hübsches Kompliment und intensiviert dabei den Körperkontakt: Zum Beispiel könnte er sagen, dass sie ausgesprochen hübsche Ohrringe trägt und dabei ganz leicht ihr Ohr berühren. Oder ihm gefällt ihre Haarfarbe, und er streicht ihr ganz nebenbei eine Strähne aus dem Gesicht. Wenn sie gegen derlei nichts einzuwenden hat, ist es eigentlich Zeit zum Knutschen. Wenn sie ihm obendrein noch erst in die Augen, dann auf die Lippen und dann verschämt zu Boden schaut, ist der richtige Zeitpunkt auf jeden Fall gekommen. Frauen mögen es übrigens sehr, wenn ein Mann sich Zeit lässt und nichts überstürzt.

Es ist auch nicht verboten, sie einfach zu fragen! Das ehrliche Geständnis »Ich möchte dich jetzt so gern küssen« finden Frauen weder peinlich noch ein Zeichen von Unschlüssigkeit. Wenn ein Mann also gar nicht weiß, wann er knutschen darf, ist das vielleicht der Königsweg. Und wenn sich ein Mann nun nicht traut, so ein Geständnis zu machen? Dann nimmt er einfach dieses Buch mit zum Rendezvous und liest der Angebeteten das Knutsch-Kapitel vor. Danach fällt sie ihm entweder um den Hals – oder sie schmeißt ihn raus.

2. KAPITEL

DIE FRAU UND DIE LIEBE

10 | WAS BEDEUTET LIEBE FÜR SIE?

Es wäre gar nicht schwer, mit der Antwort auf diese Frage ein zwölfbändiges Nachschlagewerk zu füllen. Aber das würden Männer bestimmt nicht lesen wollen. Falls Sie als Frau dieses Buch für Ihren Mann gekauft haben sollten, nehmen Sie einfach einen rosa Marker und streichen alles an, wo Sie sagen: »Ja, so ist es auch bei mir!« Wahrscheinlich streichen Sie am Ende gleich das ganze Kapitel an.

Liebe … Das ist für Frauen ein Begriff, der sehr viel mehr umfasst als nur die Liebe zu einem Mann. »Mit Liebe« möchten sie kochen, »mit Liebe« den Tisch decken, die Wohnung pflegen, die Kinder großziehen, den Mann und den Hund umsorgen und ihre schönen Erinnerungen behüten. Sie möchten ihr ganzes Leben »in Liebe« verbringen. Liebe ist für Frauen ein Sammelbegriff für Harmonie, seelisches Gleichgewicht, eine heile Umwelt, die Abwesenheit von Sorgen, außerdem noch Gesundheit, Wohlfühlen und Hingabe.

Ohne Liebe geht eine Frau ein. Es ist so, als ob eine Blume kein Wasser bekommt. Erst lässt sie den Kopf hängen, und dann verdorrt sie. Aber die Blume kann nicht viel machen gegen ihr trauriges Schicksal. Die Frau schon. Spürt sie im Alltag keine Liebe mehr, so sucht sie sich einen Ersatz. Vielleicht gibt ihr die Esoterik, was sie vermisst. Oder ein Guru. Oder die Traumwelt ihrer Romane. Oder ein anderer Mann. Oder sie klammert sich an ihre Kinder und wird zur Über-Mutter. Viele Männer sagen: Ich kann meine Frau überhaupt nicht verstehen! Sie hat sich so verändert! Diese Männer sollten sich lieber ernsthaft fragen, was ihren Frauen fehlt.

Liebe ist Sehnsucht. Wenn die Frau etwas älter ist, dann sehnt sie sich nach damals, als sie ihren Partner kennen lernte. Diesen Urzustand der Verliebtheit möchte jede Frau noch einmal erleben. Mit ihm in die Sterne gucken oder einen Sonnenuntergang erleben und sich dabei anlehnen dürfen und einfach nur glücklich sein! Sie sehnt sich auch danach, nur mal für kurze Zeit alle Verantwortung abgeben zu können. Der Alltag kann die Liebe töten! Sie möchte einmal wegfahren ohne die Kinder! Sie möchte gefragt werden, was SIE sich wünscht! Sie möchte einen Mann haben, der über seine Gefühle spricht und der

Liebe zeigen kann! Sie sehnt sich nach Aufmerksamkeit! Sie möchte mit ihm lachen können! Und sie sehnt sich danach, dass ihre Leistung endlich einmal anerkannt wird.

Was kann ein Mann denn tun, um eine Frau glücklich zu machen? Wie müsste ihr optimaler Partner sein, bei dem sie ein Leben lang Liebe empfindet? Erstens kann sie ganz viel mit ihm reden, zweitens kann sie ganz viel mit ihm reden, und drittens ... auch. Aber sonst? Er sagt ihr möglichst oft, wie wunderbar er sie findet. Er stärkt bei jeder Gelegenheit ihr Selbstbewusstsein. Er freut sich, wenn sie sich weiterentwickelt und würde sie niemals bremsen. Ist sie traurig oder geht etwas schief, kann sie sich trotzdem bei ihm anlehnen und wird von ihm getröstet. Niemals macht er ihr Vorwürfe. Was sie alles schafft den lieben langen Tag, empfindet er nicht als selbstverständlich. Stets ist er bemüht, ihr hartes Los zu mildern. Er gibt ihr auch nach vielen Jahren noch immer das Gefühl, eine echte Prinzessin zu sein. Er überrascht sie oft mit kleinen Liebesbeweisen (aber bitte nicht am Muttertag).

Er ist aufmerksam und fürsorglich und steht selbst vom Tisch auf, wenn irgendwas fehlt. Er schläft nicht immer gleich ein. Er findet sie wichtiger als das Fernsehprogramm. Manchmal nimmt er ihr alles ab, was zu ihren täglichen Pflichten gehört. Er will, dass sie ausreichend Zeit für sich selbst hat und fördert ihren Wunsch, etwas Eigenes nur für sich zu haben. Er kann über seine Gedanken reden und tut das auch, er bezieht sie ein, aber noch lieber hört er ihr zu. Er streichelt und massiert sie stundenlang, ohne dabei immer gleich an Sex zu denken. Er kennt sich in der Küche fast genauso gut aus wie sie. Manchmal macht er Frühstück, oder er kocht sogar. Und vor allem: Er macht hinterher wieder sauber!

Und jetzt die Kurzfassung. Zehn Eigenschaften sind es, die den optimalen Mann auszeichnen.

Humor, weil sie so gerne mit ihm lachen möchte. Treue, weil es fürs Leben halten soll. Herzenswärme, weil sie Nähe sucht. Familiensinn wegen der Kinder. Hilfsbereitschaft, weil ihr so oft alles über den Kopf wächst. Aufgeschlossenheit, weil sie auch mal mit ihm in ein Musical gehen möchte. Toleranz, weil sie sich weiterentwickeln will. Höflichkeit, weil sie doch eine Prinzessin ist. Fürsorglichkeit, weil sie hin und wieder bemuttert werden möchte. Und Verantwortungsgefühl, damit sie auch mal schwach sein darf.

Man kann wohl getrost davon ausgehen, dass die genannten Tugenden am Beginn der Beziehung auf Seiten des Mannes durchaus vorhanden waren. Denn sonst hätte sie ihn ja wohl kaum geheiratet. Also: Wo sind sie hin, wenn sie abhanden gekommen sind? Warum ist vieles nicht mehr so, wie es mal war? Wenn sich die Männer mal hinsetzen und ihr eigenes Verhalten kritisch überprüfen würden, so als wären sie ihr eigener Beziehungs-TÜV: Viele müssten sich eingestehen, dass sie keine frische Plakette mehr kriegen. Sie pflegen ihr Auto und regen sich mächtig auf, wenn eine Schramme auf dem Lack zu sehen ist. Aber die Schrammen auf dem Lack der Beziehung – die sehen manchmal nur die Frauen.

11 | WAS WÜRDE SIE ECHT BEEINDRUCKEN?

Es sind die kleinen Liebesbeweise. Die überraschenden und kreativen. Zum Beispiel, wenn sie sich am Telefon schlecht anhört und er sich sofort auf den Weg zu ihr macht. Egal, ob eine Bushaltestelle oder 800 km dazwischenliegen. Ein kleiner Gruß per SMS ohne besonderen Anlass. Ein selbst geschriebenes Gedicht. Alles, was sich von der Masse abhebt und etwas Besonderes ist.

Man kann eine Frau aber auch beeindrucken, indem man sie wertschätzt. Wenn man in Gegenwart von Dritten grundsätzlich immer zunächst einmal auf ihrer Seite steht. Wenn man offen zeigt, wie stolz man auf sie ist. Wenn man Hühnersuppe kocht, damit sie ihre Grippe schneller auskuriert. Wenn man sich klar zu ihr bekennt und nicht lange zwischen ihr und einer anderen Frau hin und her eiert. Oder wenn man etwas ihr zuliebe tut, was einem selbst so gar nicht liegt: Zum Beispiel tanzen gehen oder ein Musical mit ihr besuchen. Dann sagt sie: »Ich weiß doch, dass er es überhaupt nicht mag. Aber er hat es für mich getan, ist das nicht süüüüß?«

Man kann ihr natürlich auch eine Blume hinter den Scheibenwischer klemmen. Alle Frauen lieben solche kleinen Gesten! Blumen sind sowieso nie verkehrt, nur dürfen sie nicht zur Gewohnheit werden. Jeden Freitag rote Rosen? Immer zum Muttertag einen Strauß Tulpen? Das ist langweilig. Sie will mit Blumen überrascht werden – und zwar dann, wenn sie keine erwartet.

Für Frauen sind Blumen mehr als ein hübscher Farbklecks im Wohnzimmer und mehr als duftendes Gemüse. Sie sind ein Symbol der Liebe. Tatsächlich haben Blumen und die Liebe viel gemeinsam. Beide muss man hegen und pflegen und immer hübsch begießen. Wenn man sie vernachlässigt, dann gehen sie ein.

Wir fragten Männer, wann sie das letzte Mal Blumen verschenkt haben. Den meisten fiel nicht einmal mehr der Anlass ein. Ist das nicht traurig? Dabei lieben alle Frauen Blumen, die sie von ihrem Mann kriegen. Ist er tagsüber nicht da, können sie sich den Strauß anschauen und sich freuen. Kommt ihre Nachbarin auf einen Kaffee vorbei, so fragt sie bestimmt: »Von wem sind die denn?« Dann sagt die Frau stolz:

»Von meinem Mann, von wem denn sonst!« Und neidisch überlegt die Nachbarin, wann IHR Mann eigentlich das letzte Mal Blumen mitgebracht hat. Wahrscheinlich hat sie das auch schon längst vergessen.

Ganz anders ist es mit Rosen im Restaurant. Sie wissen schon, die für drei Euro das Stück. Von denen halten Frauen nicht sehr viel. Sie denken nämlich praktisch. Bei aller lieb gemeinten Romantik: Frauen wissen genau, dass diese Rose 1.) sündhaft teuer ist und 2.) keine drei Tage hält. Außerdem ist das Kramen nach Geld, womöglich noch um den Preis feilschen (unmöglich!) und das Überreichen vor allen Leuten irgendwie peinlich.

Alle anderen Frauen im Restaurant starren sie an. Die erste denkt: Was hat die denn für einen Geizhals? Wenn er sie lieben würde, hätte er gleich den ganzen Strauß gekauft. Die zweite denkt: So eine blöde Kuh. Kriegt eine tiefgekühlte Fließband-Rose und verzeiht ihm augenblicklich alle Sünden, und dazu grinst sie auch noch wie ein Honigkuchenpferd. Die dritte zischt ihrem Mann zu: »Wenn du mir jemals eine Rose im Restaurant kaufst, verlasse ich dich.« In dem Moment eilt der Ober mit einer Vase herbei und stellt die Rose hinein, und nun steht sie für den Rest des Abends mitten auf dem Tisch, damit auch garantiert jede neu auf der Bildfläche erscheinende Frau mitbekommt, dass man heute eine überteuerte tiefgekühlte Fließband-Rose bekommen hat.

Wenn man dann gezahlt hat und geht, vergisst man die Rose garantiert, woraufhin der Ober mit viel Lamento hinterhergerannt kommt und sie einem zum zweiten Mal überreicht. Es ist zum In-den-Boden-Versinken.

Dennoch, keine Regel ohne Ausnahme. Wenn man eine Frau noch gar nicht kennt und zu schüchtern ist, um sie gleich anzusprechen, dann kann der Rosenverkäufer ein nützlicher Gehilfe sein. Man zahlt die Zeche so schnell wie möglich und folgt ihm auf die Straße. Dort handelt man den ganzen Rosenstrauß preislich betrachtet so weit wie möglich runter (immer noch zu teuer, aber egal), befestigt die eigene Visitenkarte dran, kritzelt ein paar nette Worte drauf und schickt den Kerl mitsamt den Rosen wieder ins Lokal zurück. Man muss nur aufpassen, dass er seinen überteuerten Strauß der Richtigen überreicht, also unbedingt gut beschreiben und auch bedenken, dass der Mann vielleicht nur ukrainisch oder rumänisch spricht! Die Chance, dass sie sich irgendwann meldet und für die Blumen bedankt, ist in diesem Fall relativ hoch. Auch der Blumenverkäufer ist glücklich. Denn selbstverständlich hätte er auch die Hälfte vom ausgehandelten Preis akzeptiert.

12 | WARUM SIND SO VIELE SCHÖNE FRAUEN SINGLE?

Weil sich so viele Männer nicht an sie herantrauen. Man glaubt gar nicht, wie viele schüchterne Weicheier es zurzeit auf dem Markt gibt! Wahrscheinlich liegt es daran, dass die Männer total verunsichert sind. Es ist fast normal, dass eine extrem gut aussehende Frau in einer Bar oder einer Disco von zehn oder mehr Männern heimlich mit Blicken verschlungen – aber von keinem einzigen witzig angemacht wird. Erwidert sie einen der Blicke, schauen die Männer schnell woanders hin! Wie die kleinen Jungs im Konfirmandenunterricht!

Es ist ein Teufelskreis: SIE gibt sich unnahbar, um erst einmal einen Schutzwall um sich herum aufzubauen. ER denkt: So wie die aussieht, ist sie bestimmt eine arrogante Ziege. SIE hat sich schon längst einen ausgeguckt, der eventuell für einen kleinen Flirt in Frage käme. ER denkt: Ich gebe mir doch nicht die Blöße, bei ihr abzublitzen! SIE hat eigentlich gar keine Lust, den ganzen Abend allein oder mit ihrer Freundin zu verbringen. Viel lieber würde sie neue Leute kennen lernen. Aber außer einigen versteckt ausgesandten Signalen (die auch in diesem Buch beschrieben werden) unternimmt sie nichts. ER erkennt die Signale nicht. Außerdem ist er, wie bereits erwähnt, bei schönen Frauen ziemlich schüchtern. Am Ende geht er allein nach Hause und sie ebenfalls.

Aber das ist nicht das einzige Problem. Schließlich gibt es ja noch die extrem schwierigen Männer mit chronischer Beziehungsangst. Die kriegen schon Panik, wenn ihre neue Bekanntschaft in der tristen Junggesellenbude einen Strauß Blumen ins Wasser stellt oder aus Versehen ihre Zahnbürste liegen lässt! Es gibt Millionen Männer, die eine feste Beziehung scheuen wie der Teufel das Weihwasser.

Eine Frau, die immer wieder an diesen Typ gerät, verliert irgendwann den Glauben an die Männer. Sie möchte ja wirklich so gern »was Festes«, hat ihre Ansprüche an den Traumprinzen ohnehin schon drastisch reduziert und ist äußerst bemüht, nicht abweisend zu wirken. Aber die Kerle bleiben einfach nicht!

Sie umwirbt ihn, sie macht sich unentbehrlich und ist immer zur Stelle. Sie schreibt zärtliche Briefe, widmet ihm ein Tagebuch, kocht ihm sein Lieblingsessen und schreibt kleine Liebesbotschaften mit Lippenstift auf den Badezimmerspiegel. Sie ist in der Lage, diese Aktivitäten über Jahre durchzuhalten (vermutlich sind es sogar ihre besten) – immer in der Hoffnung, dass er sich ändert und seine Beziehungsangst letztendlich doch noch überwindet. Leider gibt es extrem viele Frauen, die sich dabei verrechnen. Die sitzen dann mit ihren Freundinnen beim Italiener und fragen sich verzweifelt, warum sie schön UND solo sind.

Man kommt aber auch nicht daran vorbei, folgende Tatsache zu erwähnen: Manche, die echt gut aussehen, haben nichts als Stroh im Kopf. Sie werden von anderen Frauen in die Kategorie »Blöde Kuh« oder »Zimtzicke« eingeordnet. »Zimtzicken« würden sich niemals auf einen Durchschnittsmann einlassen, sondern sie warten vielleicht ihr ganzes Leben lang auf den Millionär mit Porsche und Villa auf Sylt. Sie lassen sich gar nicht gerne ansprechen. Denn genau in der Zeit, wo sie sich mit dem Falschen abgeben, könnte ja der Richtige auf der Bühne des Lebens erscheinen! Was soll man dazu sagen? Genau: selbst schuld.

Die Statistiken über Single-Frauen sind übrigens trügerisch. Zwar leben ungefähr 13 Millionen Deutsche allein. Und über die Hälfte davon sind Frauen. Aber ältere Witwen treiben die Zahl in die Höhe: Die haben oftmals nach dem Tod ihres Mannes mit dem Thema Partnerschaft abgeschlossen und sind nicht mehr aktiv auf der Suche. Immerhin 37 Prozent aller Singles sind verwitwet! Auch bei der Frage, warum sie eigentlich solo sind, machen sich viele Frauen etwas vor. So sagen knapp unter 40 Prozent, dass sie »gern ungebunden sein« möchten. 15 Prozent sind angeblich der Meinung, sie könnten so »ihr Leben besser genießen«, und 23 Prozent »möchten noch abwarten und prüfen«. Warum nicht gleich die ehrliche Antwort: »Ich finde einfach nicht den Richtigen«?

13 | WONACH SUCHT SIE IHREN PARTNER AUS?

Zunächst einmal muss er gepflegt aussehen und auf sein Äußeres achten. Ungepflegte Männer haben schlechte Chancen, denn sie fallen schon beim ersten Abchecken durch den Rost. Die Optik spielt für Frauen eine große Rolle! »Schön« muss ein Mann aber nicht sein. Wichtiger ist seine Ausstrahlung. Er soll Charisma haben und selbstbewusst wirken, mit sich im Reinen sein und seine Ziele durchsetzen können. Sie hat gerne das Gefühl: Dieser Mann macht Nägel mit Köpfen. Der fackelt nicht lange. Schließlich denkt sie ja viel langfristiger als ein Mann und stellt sich von Anfang an die Frage: Was wird später sein?

Wer eine Frau zum Lachen bringen kann, ist schon in der engeren Wahl. Lebenserfahrung ist ein weiteres Kriterium, aber das ist keine Frage des Alters: Es geht mehr darum, ob er aus seinen Fehlern gelernt hat und sich mit ihnen auseinander setzt.

Viel Geld ist eine angenehme Beigabe, aber nur selten entscheidend. Wenn sie zum Beispiel einen 35-jährigen kräftigen und kerngesunden Langzeit-Arbeitslosen kennen lernt, dann wird sie ihn nicht wegen Hartz IV verschmähen. Aber möglicherweise wegen Eigenschaften, die ihn irgendwie dauerhaft am Arbeiten hindern bzw. Chefs davon abhalten, ihn einzustellen. Sie will kein Kind, das sich auf andere verlässt – sondern auf jeden Fall einen Erwachsenen, auf den sie zählen kann.

Sie will einen echten Kerl, der ihr nicht immerzu nach dem Mund redet. Weicheier sind bei Frauen verpönt. So betrachtet, sind die Männer in den letzten Jahren genau den falschen Weg gegangen. Verunsichert und orientierungslos taten sie alles, um ihre Männlichkeit zu verleugnen. Dabei ist der Mann »mit Ecken und Kanten« bei Frauen viel begehrter als der feminine Alles-Versteher. Sie will sich an ihm reiben können. Und, jawohl, sie möchte auch etwas zum Um-Erziehen haben. Deshalb kann man Männern nur dringend raten: Behaltet eure Identität! Geht zum Fußball, auch wenn sie sich nicht dafür interessiert! Trefft eure Kumpels! Trinkt ruhig mal einen über den Durst!

Zum »Frauenversteher« wird man nicht, indem man seine männliche Identität aufgibt. Sondern – und das ist der nächste wichtige

Punkt – indem man die unverwechselbare Identität der Frau akzeptiert und sie ihr lässt. Männer, die ihre Partnerin nicht ständig umerziehen wollen, haben erstklassige Chancen! Tja, und wenn »er« dann auch noch ein wenig Anerkennung für »ihre« Leistung im Alltag zeigt und ihr das Leben hin und wieder ein bisschen erleichtert – dann hat er fast schon gewonnen.

Auf jeden Fall möchte sie einen höflichen Mann. Jede Frau hält sich für eine Prinzessin und möchte auch so behandelt werden. Ihr in den Mantel helfen, den Vortritt lassen, die Tür aufhalten, die Tasche abnehmen, Feuer geben und all die anderen Kleinigkeiten sind eindeutige Guthaben auf dem Konto des Herzens. Einer der größten Irrtümer in der Geschichte der Emanzipation war der Glaube, dass Frauen auf männliche Höflichkeitsgesten keinen Wert mehr legen.

Nun fassen wir zusammen. Er ist gepflegt, verfügt über Ausstrahlung, hat sein Leben im Griff, ist lustig und hilft ihr in den Mantel. Was fehlt denn noch zum Glücklichsein? Ganz klar: Ein bisschen Intelligenz!

Aber bitte nicht diese ätzende Mischung aus Oberstaatsanwalt und Oberstudienrat. Es gibt Männer, die wissen alles besser, wollen der Frau ständig das Leben erklären und geben ihr gleichzeitig das Gefühl, ein Dummchen zu sein. Wenn das Intelligenz wäre, hätte die Frau als solche lieber einen Deppen an ihrer Seite. Besserwisserei mag sie nämlich überhaupt nicht. Frauen mögen Männer mit emotionaler Intelligenz. Keine zweibeinigen Brockhäuser. Frauen mögen einfühlsame Männer. Männer mit den richtigen Zwischenfragen. Männer mit leisem, klugem Wissen, die eine Frau mitnehmen und nicht verstören. Frauen lieben es durchaus, wenn ein Mann ihnen die Welt, die Zusammenhänge und das Universum erklärt. Am besten nachts unterm Sternenhimmel. Aber nicht so besserwisserisch und belehrend!

Zu Intelligenz gehört viel mehr als nur das angelesene Wissen. Es gehört auch die Fähigkeit dazu, das Wissen zu vermitteln.

Und wenn der Mann nun gar nicht viel weiß? Wenn er nicht einmal über angelesenes Wissen verfügt? In diesem Fall sollte er wenigstens eine Menge Fragen haben. Die kann er ja dann seiner Frau stellen.

In einer Frauenzeitschrift sagten es zwei Single-Frauen kürzlich so: »Wir suchen einen Mann, der authentisch ist, der ehrlich ist und spontan, der seine Altlasten verarbeitet hat, keine Elternprobleme, der möglichst auch noch einen Job hat und keine unehelichen Kinder. Aber wenn uns die große Liebe im Flugzeug begegnet und in Nairobi wohnt, dann ziehen wir eben nach Nairobi. Vielleicht sogar nach Gelsenkirchen.« Das sind doch nun wirklich keine übersteigerten Ansprüche.

14 | WAS HÄLT SIE VON PLATONISCHER LIEBE?

Was für die meisten Männer ein rotes Tuch ist, finden Frauen äußerst angenehm. Sie können sich durchaus eine platonische Liebesbeziehung vorstellen, und vielen fällt auch spontan der »allerbeste Freund« ein, mit dem man alles teilen kann – sogar das Bett. Aber man hat nichts mit ihm. Es ist eine wunderbare, stressfreie Bruder-Schwester-Beziehung.

Der Mann als solcher hält nichts davon. ER ist ein bisschen verliebt und versucht schon seit einer ganzen Weile, SIE ins Bett zu kriegen. SIE mag ihn ebenfalls sehr gerne und vertraut ihm sogar ihre Geheimnisse an. Soweit wäre ja alles gut. Nur eines kann er nicht verstehen: ES passiert nicht. Warum? Das nagt an ihm. Das macht ihn krank. Die meisten Männer eignen sich nicht gut zum platonischen Freund.

Aber gerade die Tatsache, dass man nichts miteinander hat, macht Frauen unbefangen. Einem platonischen Freund kann man nämlich alles anvertrauen, ohne dass er einem gleich seine eigene Meinung aufdrücken will wie einen Stempel. Mit einem platonischen Freund kann man in die Disco gehen, ohne dass er eifersüchtig wird – und gleichzeitig kann man sich hinter ihm verstecken, wenn einem jemand zu nahe kommen will. Bei einem platonischen Freund kann man sich ausheulen, ohne dass er einem ständig kluge Ratschläge erteilt. Der platonische Freund gibt einer Frau jene Freiheit, die sie in einer Partnerschaft meistens über kurz oder lang vermisst. Und deshalb mag keine Frau auf ihren guten platonischen Freund verzichten.

Nun kommt es ziemlich häufig vor, dass ein Mann schon längst in der Schublade »platonischer Freund« steckt – aber es selbst gar nicht merkt. Das ist ärgerlich (für ihn). Er baggert und bemüht sich, ist schwer verliebt und denkt jeden Tag: Heute passiert's aber ganz bestimmt – sie freut sich mächtig, ihn zu sehen und denkt an alles, nur nicht an Sex. Dieses Missverständnis entsteht, weil die meisten Männer keine weiblichen Signale deuten können. Im Grunde ist es ganz einfach. Hier sind zehn Testfragen (nur mit Ja oder Nein antworten). Mit diesem Blitztest kann man ziemlich genau feststellen, ob man als Mann noch im Rennen um eine richtige Partnerschaft ist oder schon längst in der sexbefreiten Ecke »du bist mein bester (platonischer) Freund« steht.

Erste Frage: Schon einmal bis tief in die Nacht hinein zusammengehockt, ohne dass es zu intimeren Zärtlichkeiten kam? Zweite Frage: Gibt sie manchmal intime Details von sich preis, also erzählt sie gelegentlich von ihren weiblichen Beschwerden wie zum Beispiel Regelschmerzen, vaginalem Pilzbefall oder Cellulite? Dritte Frage: Ist es ihr ganz egal, wie sie bei seinen Besuchen gestylt ist? Vierte Frage: Darf er sich bei ihr »wie zu Hause« fühlen, hat sie also zum Beispiel keine Probleme damit, dass er ihr unaufgeräumtes Schlafzimmer betritt? Fünfte Frage: Erkundigt sie sich manchmal mit ehrlichem Interesse, ob es eine neue Frau in seinem Leben gibt? Sechste Frage: Erzählt sie ihm bisweilen, welcher Mann sich gerade für sie interessiert? Siebte Frage: Vertraut sie ihm Geheimnisse an, die ihre jeweiligen Partner nie im Leben wissen dürften? Achte Frage: Darf er sie besuchen, ohne sich vorher anmelden zu müssen? Neunte Frage: Nimmt sie ihn gern auf Partys mit oder ins Kino, weil alleine hingehen doof ist? Zehnte Frage: Kuschelt sie sich gern bei ihm an und lässt sich eventuell sogar von ihm eine angenehme Massage verpassen?

Wenn die Auswertung dieses Tests öfter als drei Mal ein »Ja« ergibt, ist es mit hoher Wahrscheinlichkeit tatsächlich schon längst eine »platonische Beziehung«, und mehr wird auch nicht draus.

Platonische Beziehungen sind immer äußerst nette Männer, die eine Frau verstehen! Die zuhören können! Die sich öffnen und ihre Gefühle ausdrücken, aufmerksam und höflich sind! Als Partner kommen sie trotzdem nicht in Frage.

Irgendwie sind sie allzu perfekt und glatt. Wie Felsen, denen die Kanten und Ecken abgeschliffen wurden und an denen man nicht mehr hochklettern kann. Eine Frau kann solche Männer lieben, wird sie aber wahrscheinlich niemals begehren. Ins Bett geht sie mit einem Mann, an dem sie sich reiben kann und an dem überhaupt nicht alles perfekt ist.

Und dann gibt es ja noch die platonische Liebe zwischen der Frau und einem Schwulen. Die ist meistens ganz besonders eng. Frauen und Schwule verstehen sich deshalb so prima, weil sie viel gemeinsam haben. Da ist zunächst einmal der Sinn fürs Schöne. Dann die hoch entwickelte Sensibilität. Viele Schwule sind so wie Frauen nah am

Wasser gebaut, entsprechend empfindlich und zickig können sie sein. Kein Wunder, dass sie Frauen besonders gut verstehen! Schwule haben meistens viel Geschmack und interessieren sich ganz so wie Frauen für Mode, die Farben der Saison, die neuesten Schnitte. Mit ihnen kann eine Frau zum Beispiel wunderbar shoppen gehen. Weil Schwule in vielen Situationen wie Frauen ticken, können sie die Frau auch bei ihren vielen kleinen mehr oder weniger wichtigen Problemen gut beraten. Hinzu kommt, dass sie an Sex mit der Frau nicht interessiert sind. Dadurch entfällt eine Menge Partnerschaftsstress von vornherein. Einem Hetero-Mann gegenüber wird eine Frau nie ganz ehrlich sein; stets wird sie sich bemühen, die Aura des Geheimnisvollen zu bewahren. Dem Schwulen gegenüber öffnet sie sich total, wenn sie erst einmal Vertrauen zu ihm gefasst hat.

Eigentlich braucht jede Frau zwei Männer: Einen Hetero fürs Bett – und einen Schwulen für die Seele.

15 | WANN WILL SIE MEINEN WOHNUNGSSCHLÜSSEL?

Während sich Männer gerne so lange wie möglich im Stadium der relativen Unverbindlichkeit aufhalten und am liebsten alles so lassen möchten, wie es gerade ist, gibt es für Frauen unabdingbare äußere Symbole der Zusammengehörigkeit. Dazu gehören hübsche Dinge wie zum Beispiel ein Verlobungsring oder ein anderes Schmuckstück, aber auch das Brautkleid oder wenigstens die theoretische Zusage, jemals eines tragen zu dürfen. Es muss ja nicht gleich morgen sein. Nur wissen will sie halt, woran sie ist bei ihm.

Weil ein Mann ja nun viel erzählen kann, wenn der Tag lang ist, achtet die Frau argwöhnisch auf seine Taten. Den Schlüssel zu seinem Herzen mag sie wohl gefunden haben. Aber was ist mit dem letzten Freiraum, den er noch für sich reklamiert, mit seiner Wohnung? Wann bekommt sie den Schlüssel dazu?

Da geht es nicht so sehr um praktische Erleichterungen wie »Dann müssen wir uns nicht immer absprechen, wann ich zu dir komme«, »Ich habe heute früher frei und kann was Leckeres kochen« oder »Ich könnte ja schon mal deine Wäsche in die Maschine schmeißen, während du noch bei der Arbeit bist«. Nein, weit gefehlt. Hier geht es um den Schlüssel zu IHM.

Bevor die Frau den Schlüssel will, setzt sie erst einmal Duftmarken in seiner Wohnhöhle, die ihr wahrscheinlich sowieso nicht gefällt und die deshalb dringend umgeräumt werden müsste. Das wird sie jedoch klug verschweigen. Noch. Als Erstes wird sie irgendetwas bei ihm vergessen. Vielleicht einen Ohrring, einen BH oder ihre Uhr. Auf jeden Fall ist es ein guter Grund, sich wiederzusehen. Nur, um das abzuholen. Sollte in seinem Leben noch eine andere Frau existieren oder befürchtet sie zumindest, dass es so sein könnte, lässt sie besonders gerne was liegen. Und zwar so, dass er es nicht gleich merkt – die andere aber schon. »Sag mal Schatz, wem gehört denn dieser Damenslip??? MEINER ist das nicht ...«, das hat schon so manche Beziehungen gekillt und blitzartig den Weg für ganz neue freigemacht. Hunde pissen an jeden Baum, um ihr Revier abzustecken. Die Frau als solche pisst zwar nicht in die Wohnzimmerecken ihres neuen Lovers, aber sie lässt gern was liegen. Das kommt aufs Gleiche raus.

Als Nächstes wird sie seine Wohnung »verschönern«. Dieses Wort steht deshalb in Anführungszeichen, weil es eigentlich um ganz etwas anderes geht als um »Verschönerung«. Es geht auch hier ums Duftmarkensetzen. »Schau mal, ich hab uns KERZEN mitgebracht. Deine Wohnung ist so kühl und irgendwie unromantisch ...!« »Wann hast du eigentlich zuletzt BLUMEN in die Vase gestellt? Hast du überhaupt Vasen? Typisch Mann! Schau mal hier, hab ich heute auf dem Markt für uns geholt ... Sieht doch schon viel NETTER aus, nicht?« Wenn sie mit Habichtaugen die Möbel inspiziert und feststellt, dass sie irgendwie total falsch stehen und das alles viel besser ginge (»Fass doch eben mal mit an«), dann mogelt sie sich schon wieder ganz geschickt in die letzte Domäne seiner männlichen Unabhängigkeit.

Und wenn sie Räucherstäbchen rausholt und anzündet (»Das RIECHT hier so unromantisch«), dann wird es für den Mann ganz hart. Jetzt spätestens müsste er sich entscheiden: Weiterhin eine autarke Persönlichkeit mit eigener Wohnung bleiben oder aufgeben und die weiße Fahne schwenken. Er wird wahrscheinlich Letzteres tun, denn er ist ja sooo verliebt in sie.

Im Badezimmer geht es weiter. Es wäre doch absolut unpraktisch, wenn SIE morgen ihre Tage bekommt und es ist kein Tampon im männlichen Haushalt vorhanden. Also deponiert sie vorsichtshalber eine Packung in seinem Alibert. Noch lieber natürlich sichtbar für jede andere Besucherin dieses Badezimmers, denn die weiß dann sofort: »Hier hat schon eine ihren Claim abgesteckt, ich trinke noch ein Glas und gehe lieber.« Den Tampons folgt unvermeidlich die Zahnbürste, womöglich sogar noch in SEINEM Becher. (Er wird ihre Zahnbürste übrigens freudig begrüßen. Denn so lange sie keine eigene in seiner Wohnung hat, benutzt sie einfach seine. Und das hassen Männer abgrundtief.)

Der Zahnbürste folgt die Belegung von (mindestens) der Hälfte der Ablagefläche überm Waschbecken. Da werden seine Sachen so lange zusammengequetscht, bis ausreichend Platz für ihre vorhanden ist. Als Nächstes werden sich allerlei wohl riechende Substanzen in vielfarbigen Flaschen auf seinem Badewannenrand einfinden. Er hat derlei zwar noch nie gebraucht und ist vollkommen zufrieden mit einem

Stück Seife, falls ihm danach ist. Aber jetzt ist SIE ja da. Und ist das alles nicht auch für IHN? Klar. Darum hat er ja auch keine Einwände dagegen, nur ist das jetzt schon lange nicht mehr SEIN Domizil.

Was mit Blumen, Kerzen, Räucherstäbchen, Tampons, Zahnbürste und Badezusätzen beginnt, geht schon bald im Schlafzimmer weiter. Dort steht nämlich der Kleiderschrank. Und sobald sie den zu besetzen beginnt, ist es ganz vorbei mit der männlichen Unabhängigkeit. Wie gesagt: Das passiert alles nicht auf einmal, sondern schleichend und fast unmerklich. Sie hat ja auch gute Gründe dafür, dass sie einige T-Shirts und Blusen und Schuhe und die Rollerblades und die Tennissachen und die Jogging-Klamotten gleich bei ihm stehen lässt. Warum denn immer hin und her schleppen? Das ist doch wirklich sinnlos und unpraktisch.

Jetzt. Genau jetzt erwartet sie, dass sie seinen Wohnungsschlüssel bekommt. Denn sie will auch mal alleine joggen gehen können, wenn er Überstunden macht. Außerdem hat sie inzwischen sowieso ihren halben Hausstand bei ihm untergestellt. Mit den Worten: »DU wolltest doch, dass ich die Sachen bei dir lasse!«

Wollte er, echt? Irgendwie hat er das anders in Erinnerung. Aber jetzt – ist es ja sowieso egal.

16 | WARUM WILL SIE IMMER KUSCHELN?

Weil sie ein tiefes Bedürfnis danach hat, sich anzulehnen. Frauen wollen nicht nur wissen, dass sie beschützt werden. Sie wollen es auch spüren. So wie früher, als sie klein waren und mit ihrer Mama gekuschelt haben.

Zärtlichkeit ist für eine Frau der Beweis, dass sie dem Mann auch als Mensch etwas bedeutet. Aus dem gleichen Grund mag sie es, wenn er den Arm um sie legt, ihre Hand festhält und sie auch sonst möglichst oft berührt. Sie kommt dabei nicht unbedingt in Sex-Stimmung. Sie ist vollkommen zufrieden damit, dass sie stundenlang gestreichelt wird.

Sonst ist sie es doch immer, die Wärme und Geborgenheit geben muss. Beim Kuscheln bekommt sie davon etwas zurück. Am liebsten möchte sie sich zusammenrollen und schnurren wie eine Katze. Dummerweise gibt es nicht viele Männer, die auch gern stundenlang kuscheln. Männer denken beim Streicheln viel zu schnell an Sex. Und erst das Thema Massieren! Frauen kriegen davon nie genug. Das ist Entspannung pur, der reinste Wahnsinn. Wenn ein Mann gut massiert und das auch tut, wird er die Frau nie wieder los. Und was den Sex angeht: Eine entspannte Frau hat bestimmt nichts dagegen, auch mal zu massieren.

Sie liebt aber nicht nur das rein körperliche Kuscheln. Sondern auch ihre Seele dürstet nach Streicheleinheiten. Sie hasst es, den ganzen Tag über funktionieren zu müssen wie eine Maschine. Abends, wenn sie endlich zu zweit ist, möchte sie dreierlei: Verständnis, Mitgefühl und Anerkennung. Stellen Sie sich vor, Sie hätten zu Hause ein Kind, das mit Fieber im Bett liegt. Was machen Sie als Erstes, wenn Sie Feierabend haben? Genau: Vor allem anderen setzen Sie sich zu dem Kind ans Bett. Sie fragen, wie es ihm geht. Sie loben es wegen seiner Tapferkeit und versprechen ihm, dass bald wieder alles gut sein wird. Ihre Stimme ist einfühlsam und nicht zu laut. Sie schauen das Kind direkt an. Sie hören zu, was es erzählen möchte. Sie fragen, ob ihm etwas fehlt und springen sofort auf, um den Wunsch zu erfüllen. Würden Sie zu einem Kind mit 38 Grad Fieber sagen: Hol mir ma 'ne Flasche Bier? Bestimmt nicht, oder? Sehen Sie: Frauen sind ganz einfach. Sie wollen abends lediglich so behandelt werden wie ein krankes Kind. Nicht besser und nicht schlechter.

Was der Mann an dieser Stelle sagt, ist klar: Aber was ist denn mit mir? Ich komme doch auch kaputt nach Hause und habe meine Bedürfnisse! Vielleicht kann man sich ja darauf einigen, dass jeder der beiden mal »krankes Kind« spielen darf? Auf jeden Fall wäre schon viel gewonnen, wenn die Männer mal damit anfangen würden …

17 | WAS HÄLT SIE VON ÄLTEREN MÄNNERN?

»Die wissen viel und können einem alles so wunderbar erklären.« »Ältere Männer haben durchaus noch Träume und Pläne, aber sie haben keine Angst mehr vor der Umsetzung.« »Die müssen sich nichts mehr beweisen und sind viel entspannter!« »Ältere Männer haben ihre Fehler hinter sich. Darum schätzen sie den Wert einer Frau höher ein.« »Ich habe keine Lust, meinen Partner mit seiner Karriere zu teilen. Ich will einen, der seine Karriere schon gemacht hat.« »Ich wollte schon als kleines Mädchen meinen Vater heiraten. Vielleicht stehe ich ja deshalb auf ältere Männer?« »Je älter ein Mann ist, desto mehr hat er von Frauen begriffen.« »Ältere Männer hören viel besser zu und erzählen nicht immer gleich, was sie selbst Tolles erlebt haben.« »Lebenserfahrung ist für mich viel wichtiger als ein super-gestylter Body.« »Junge Männer sind nicht bindungswillig. Ältere schon.« »Ein älterer Mann hebt das Selbstbewusstsein einer jungen Frau. Seine Reife macht sie irgendwie wichtiger.« »Ich mag es, wenn andere Frauen meinen Freund und mich heimlich beobachten und sich das Maul zerreißen. Er ist übrigens fünf Jahre älter als mein Vater ...« »Ist doch nicht verkehrt, wenn alles schon da ist: Haus, Ferienwohnung, Yacht, schickes Auto, kompletter Haushalt und so. Ich kenne 30-Jährige, die sind im Kopf viel älter als mein Freund, und der ist 60.«

Diese Stimmen zum Thema sammelten wir bei Frauen um die 30 ein. Es gab nur wenige Argumente, die gegen ältere Partner aufgeführt wurden. Das häufigste war: »Wenn ich in fünf Jahren ein Kind haben möchte und das Kind zur Schule kommt, halten doch alle den Vater für den Opa. Und was ist, wenn das Kind Abi macht? Das erlebt er ja vielleicht gar nicht mehr. Und wenn es mit ihm Fußball spielen will so wie andere Kinder? Außerdem gehe ich gern in die Disco. Das sieht doch albern aus, mit so einem alten Knacker.«

Man könnte also sagen: Frauen halten von älteren Männern sehr viel. Das Einzige, was sie stört, ist die Tatsache, dass die Männer noch älter werden.

18 | WAS DENKT SIE ÜBER MEINE EIFERSUCHT?

Sie hasst ihren Partner dafür. Sie glaubt, dass er ein riesiges Problem mit sich selbst hat. Sie fühlt sich klein gemacht, eingeengt, erpresst, vergewaltigt und erniedrigt. Männliche Eifersucht kann töten. Sie ist durchaus mit körperlicher Gewalt vergleichbar, auch wenn es nie zu Schlägen kommt.

Schon wenn sie einen Minirock anzieht oder sich schick macht, gibt es Stress. Überall wittert er Betrug. Sein Blickfeld verengt sich. Er ist nicht mehr berechenbar. Wem will sie gefallen?, fragt er sich. Und kommt nicht auf die Idee, dass sie es vielleicht für ihn – und für sich selbst, für ihr eigenes Wohlbefinden – tut. Wenn sie beim Sex was Neues ausprobieren möchte, verdunkelt sich sein Hirn. Von wem hat sie das? Wenn sie die Frisur oder das Parfüm wechselt, wird er hellhörig. Für wen macht sie das? Wenn sie auf einer Party mit anderen Männern spricht, rastet er aus. Schmeißt sie sich jedem an den Hals? Wenn sie sich mit ihren Freundinnen trifft, muss er dabei sein. Was reden die sonst? Wenn sie ein Hobby hat oder überhaupt irgendetwas nur für sich machen möchte – alles, alles erregt sein Misstrauen. Wenn sie einen krankhaft eifersüchtigen Mann zu Hause hat, dann wäre sie lieber im Frauenknast. Da gehen wenigstens nachts die Lichter aus. Die Eifersucht eines Mannes aber, die schläft niemals ein.

Mit Eifersucht ist es wie mit Alkohol: In kleinen Dosen okay, als Überdosis Gift. Wenn ein Mann grundsätzlich niemals Symptome von Eifersucht zeigt, ist ihm die Frau wahrscheinlich egal. Oder er hält sie für derart unattraktiv, dass sich seiner Meinung nach sowieso kein anderer für sie interessieren würde. Ein wenig gelegentliche Eifersucht, sparsam dosiert, kann einer Frau deshalb durchaus schmeicheln.

Was aber darüber hinausgeht, treibt starke Frauen in die Scheidung und bricht schwachen Frauen das Rückgrat. Leider gibt es aber mehr schwache als starke Frauen. Sie wollen um jeden Preis Konflikte vermeiden, sie ziehen sich zurück, werden ängstlich und gehemmt. Ihre Persönlichkeit verändert sich. Sie werden erst seelisch, dann auch körperlich krank. Irgendwann sind sie reif für die Therapie. Obwohl ER es eigentlich ist, der dringend therapiert werden müsste.

In wie vielen Beziehungen die krankhafte Eifersucht des Mannes ein riesiges Problem ist, sagt keine Statistik. Betroffene Frauen sprechen nicht gern darüber. Und es gibt keine sichtbaren Spuren, die man hinter einer dicken Sonnenbrille oder mit viel Schminke versteckt. Spuren hinterlässt Eifersucht auf der Seele. Sie ist deshalb eine ganz besonders perfide Form der Frauenmisshandlung.

19 | WARUM FALLEN SO VIELE FRAUEN AUF ARSCHLÖCHER REIN?

Männer können das meistens nicht begreifen. Sie wissen gar nicht, was die Frau eigentlich will. Der »liebe« Mann ist offenbar nicht gefragt. Jeder kennt Frauen, die sich ausschließlich Arschlöcher als Partner aussuchen – so als hätten sie Spaß daran, zu leiden.

Es wäre ja kein Problem! Wenn die Frau ein Arschloch haben will, kann sie doch eins kriegen! In jedem Mann steckt ein kleines Arschloch, das leicht zu einem großen heranwachsen könnte.

Aber Frauen wollen beides gleichzeitig. Sie wollen den lieben Schmusi – und das Arschloch. Sie wollen den Softie – und den Macho. Sie wollen den Weichen – und den Harten. Sie wollen das alles vereint in einem einzigen Mann.

Den ausschließlich »lieben« Kerl halten sie schon bald für einen Langweiler. Der ist leicht zu haben. Der interessiert sie nicht. Das Arschloch nehmen sie erst gar nicht als Arschloch wahr. Sie schauen zu ihm auf. Und wenn sie feststellen, dass es ein Arschloch ist, dann sind sie ihm schon verfallen.

Vermutlich hat es auch mit dem eigenen Vater zu tun. Frauen suchen sich häufig einen Partner, der ihrem Vater ähnlich ist. Wenn der autoritär und unsensibel war, dann fahren sie später auf denselben Männertyp ab. Und beklagen sich ihr Leben lang, dass sie immer nur auf Arschlöcher hereingefallen sind.

Es gibt einen weiteren Grund. Frauen haben das »Helfersyndrom«. Theoretisch wünschen sie sich zwar einen Mann, der möglichst perfekt ist. In der Praxis halten sie aber nach einem Ausschau, den sie »verbessern« können. Und das bleibt dann meistens eine trügerische Hoffnung.

Und warum sind so viele Frauen mit Losern zusammen? Männer, die beruflich erfolgreich sind, haben dafür überhaupt kein Verständnis. Es gibt ja Superfrauen, die ständig mit absolut erfolglosen Visionären aufkreuzen und sie vielleicht sogar ihr Leben lang durchschleppen. Kein richtiger Job, keine Kohle, aber jede Menge tolle Ideen im Kopf. Aus denen garantiert nichts wird.

Aber genau das ist für eine Frau wichtig: Ob ihr Partner Ideen und eine Perspektive hat. Wenn es die falsche war, findet sie es nicht so schlimm. Auch dann nicht, wenn es nach einigen Jahren längst zum Dauerzustand geworden ist. Frauen, die lieben, glauben unerschütterlich an ihren Mann und an seine Idee. Obwohl sie damit bisweilen ganz alleine dastehen und alle nur den Kopf schütteln über diese seltsame Liebe.

Was man auch nicht unterschätzen darf: Klassische Loser fahren auf einen ganz bestimmten Frauentyp ab! In einer Frauenzeitschrift sagt es eine gewisse »Petra« so: »Ich strahle ein ziemliches Selbstbewusstsein aus, allein durch meine Größe. Ich habe schon immer mein Ding und meinen Job gemacht. Das übt eine gewisse Faszination auf genau die Männer aus, die nicht mit sich selbst klarkommen. Ich ziehe immer diese verkrachten Existenzen an, die denken, ich sei stark für zwei.« Und dann gesteht auch sie ihr »Helfersyndrom« ein: »Ich glaube immer, ich kann die ganze Welt heilen. Ein Mann hat ein Problem und ich sage: Ich mach's dir weg.«

20 | IST SIE VIELLEICHT BEZIEHUNGSGESCHÄDIGT?

Kann gut sein, denn Frauen vergessen Enttäuschungen nicht so schnell. Vor allem, wenn ihre letzte Beziehung eine langfristige war, ist sie garantiert erst einmal vorsichtig und nicht sonderlich bindungswillig. »Die ersten Männer nach einer gescheiterten Liebe haben es besonders schwer«, ist die einhellige Frauenmeinung zu diesem Thema.

Um ihren Kummer zu vergessen, will sie erst einmal ihren Marktwert testen. Sie will durchatmen und die alte Geschichte verarbeiten. Sie genießt ihren neuen Status als Single durchaus und holt sich die nötige Selbstbestätigung, indem sie mit vielen flirtet und viele abblitzen lässt. Dieses Stadium kann Monate, aber auch Jahre dauern!

Ist die Frau vom letzten Mann betrogen und verlassen worden, dann hat ihr Selbstwertgefühl einen dramatischen Knick bekommen. Den steckt sie nicht so einfach weg. Es kann gut sein, dass sie nun auch mindestens einmal selbst jemanden verlassen wird. Erst dann wäre das Gleichgewicht der Kräfte wieder hergestellt und sie mit sich im Reinen.

Irgendwann wächst dann aber doch die Sehnsucht nach einer neuen »richtigen« Beziehung. Irgendwo muss der Traumtyp doch zu finden sein. Der Letzte war es ja offenbar nicht! Doch auch jetzt ist die Frau extrem vorsichtig. Sie hat Angst, dass sie wieder so verletzt wird wie beim letzten Mal, oder dass sie die alten Probleme nur gegen neue eintauscht. Dann geht sie lieber gleich, bevor das ganze Hickhack von vorn beginnt. Bei Frauen, die eine lange Beziehung hinter sich haben, muss man deshalb ganz besonders feinfühlig und sensibel sein. Sonst sind sie schnell wieder weg.

Und wie erkennt man, ob eine Frau beziehungsgeschädigt ist? Sie wird einen nicht total an sich heranlassen. Sie wird ihren Freiraum eisern verteidigen. Sie wird empfindlich reagieren, wenn man Langzeit-Pläne macht. Und man hört sämtliche Alarmglocken bei ihr klingeln, wenn man sich auch nur ansatzweise so verhält wie ihr Ex. Ein Mann, dem an so einer Frau etwas liegt, muss daher vor allem sämtliche Trennungsgründe ihrer letzten Beziehung kennen lernen, sie wirklich ernst nehmen, sie verinnerlichen und selbst alles tun, um nicht in dieselbe

»Ecke« gestellt zu werden. Scheiterte die Beziehung an seiner Fußball-Leidenschaft? Wage es nicht, die Sportschau zu gucken. Ging ihr Ex fremd? Schaue nie, nie einer anderen Frau hinterher. War der Ex ein süchtiger Spieler? Komme nicht einmal auf die Idee, mit ihr ein Casino zu besuchen! Das ist die Hypothek, die man mit einer beziehungsgeschädigten Frau leider immer übernimmt.

21 | WARUM AKZEPTIERT SIE DIE ROLLE DER »GELIEBTEN«?

Das soll uns eine Frau erzählen, die heute 70 Jahre alt ist. Sie dürfte somit über die notwendige Weisheit verfügen, um ihr eigenes Leben rückblickend kritisch und einigermaßen objektiv zu betrachten. Als Geschäftsführerin eines bekannten Juwelier-Konzerns hat sie ihr Leben lang auf eigenen Beinen gestanden. Sie war nie verheiratet und ist kinderlos geblieben, wirkt jugendlich und ist eine rundherum gepflegte Lady.

»Ich war elf Jahre die Geliebte eines verheirateten Mannes. Als es anfing, war ich 32. Es waren also meine ›besten Jahre‹. Und er war wirklich meine große Liebe. So eine, wie man sie vielleicht nur einmal erlebt. Ich empfand es als Schicksal, dass ich einen verheirateten Mann liebte. Außerdem: Wenn eine Frau wirklich liebt, dann ist sie blind. Ich konnte ihn so gut verstehen, wenn er sagte: ›Ich kann mich nicht von meiner Frau trennen, wegen der Kinder. Wir müssen warten, bis sie groß sind. Dann trenne ich mich, das verspreche ich dir.‹ Das hat er all die Jahre gesagt. Für mich war es sozusagen meine Lebensaufgabe, diesem Mann zu helfen, für ihn da zu sein und ihm alles schön zu machen. Ich wollte, dass er nicht so leiden muss unter seiner Frau. Er hatte doch auch einen Anspruch auf Glück, und das habe ich ihm geschenkt. Der Preis waren eben die üblichen Feste, Weihnachten zum Beispiel, und die großen Ferien. Dann ist er mit seiner Familie verreist.

Ich habe das als mein Schicksal angesehen. Es war eben so. Andere Männer fahren zur See oder früher waren sie im Krieg. Die waren doch auch nicht immer da. Ich hätte es als selbstsüchtig empfunden, mich darüber zu beklagen. Ich wusste ja schließlich von Anfang an, dass er verheiratet war. Wenn ich traurig war, dann gab ich nicht ihm die Schuld, sondern mir. Zu Weihnachten gab er mir immer viel Geld, damit ich alleine verreisen konnte. Meistens waren es zusammengerollte Geldscheine in irgendeiner Schmuckkassette. Aber es ging mir nicht ums Geld. Ich habe immer selbst gut verdient. Es ging mir nur um diesen einen Mann.

Eines Tages waren seine Kinder dann groß und das jüngste war aus dem Haus. Da habe ich ihn gefragt: Was ist denn nun mit uns? Seine

Antwort war: Ich möchte alles so lassen, wie es ist. Ich war inzwischen 43 Jahre alt. Da wurde mir klar, dass er niemals ganz mir gehören würde. Ich habe mich kurz danach von ihm getrennt. Ein Jahr später ist er gestorben. Herzinfarkt.

Ich hatte nie wieder einen Mann. Ich habe einfach keinen mehr an mich herangelassen. Wenn ich zurückschaue, sage ich trotz allem: Diese elf Jahre waren die schönsten in meinem Leben. Weil ich sie mit dem Mann verbringen durfte, der die große Liebe meines Lebens war.«

Diese Schilderung enthält alle Antworten auf die eingangs gestellte Frage. Die Gründe, warum manche Frauen die Rolle der Geliebten akzeptieren, sind a) Liebe, b) der weibliche Hang zur Selbstaufgabe, c) die bedingungslose Akzeptanz eines vermeintlich selbst gewählten, trotzdem fast schicksalhaften Loses, d) eine gewisse Verklärung der Fakten und e) – eine erstaunliche Unkenntnis der männlichen Mentalität. Sicher ist Ihnen auch die Erwähnung des »Helfersyndroms« aufgefallen. »Er hatte doch auch einen Anspruch auf Glück« – das sagt eine Frau, die ihre elf besten Jahre auf die Einlösung seines Versprechens gewartet hat und hinterher so bitter enttäuscht wurde? Ebenso erstaunlich (aber typisch) ist, dass sie ihrem verheirateten Liebhaber selbst heute, nach so vielen Jahren, mit keinem einzigen Wort einen Vorwurf macht. Er war eben – ihr Schicksal.

22 | WORAN MERKE ICH, DASS SIE MICH NOCH LIEBT?

Anders als Männer zeigen Frauen ihre Liebe allzu gern. Sie haben dann einen leicht verklärten Blick, mit dem sie das Objekt ihrer Liebe betrachten. Sie zupfen an ihm herum und haben hier und da etwas zu richten. Wenn sie lieben, dann sorgen sie zu Hause für ein schönes Ambiente, zünden zum Beispiel Kerzen an und stellen Blumen in die Vase. Sie bemuttern einen gern, entmisten mit großer Leidenschaft den männlichen Teil des Kleiderschrankes und suchen morgens eine Krawatte aus, die angeblich zum Hemd passt wie keine zweite. Sie möchten aus dem geliebten Mann ein kleines Gesamtkunstwerk machen. Sie stürzen sich wie hungrige Vögelchen auf jedes Problem, das er vielleicht haben könnte, und versuchen, ihm bei der Lösung zu helfen. Sie verteidigen ihn wie Löwinnen gegen jede hässliche Kritik. Sie lieben es, ihn mit kleinen Aufmerksamkeiten zu überraschen. Und sie möchten ständig mit ihm reden.

Wenn die Liebe stirbt, dann ist es mit dem Reden vorbei. Dann schweigt die Frau. Denn Schweigen ist mit Abstand ihr lautestes Alarmsignal. So lange sie redet, bettelt und schreit, so lange liebt und kämpft sie noch. Eine Frau hört erst auf zu kämpfen, wenn sie keine Hoffnung mehr hat. Wenn sich nichts mehr entwickelt zwischen ihr und ihm. Wenn die Asche nicht mehr glüht.

3. KAPITEL

DIE FRAU UND DER SEX

23 | WANN KRIEGT SIE LUST AUF SEX?

Wenn man eine Frau fragt, wann sie Lust auf Sex bekommt, dann sagt sie erst einmal: »Es muss alles irgendwie stimmen.« Und was bedeutet das: »Alles« und »irgendwie«? Es bedeutet: Für Frauen sind die Rahmenbedingungen ziemlich wichtig. In dem Wort »stimmen« verbirgt sich ja – die »Stimmung«. Sie muss also zunächst einmal in der richtigen Stimmung sein.

Die richtige Stimmung hängt von mehreren Faktoren ab. Da ist zunächst mal der Zyklus zu erwähnen. Sehr viele Frauen kriegen eine Woche vor der Regel mächtig Lust auf Sex, andere während der Regel, und wieder andere immer und ausgerechnet dann, wenn sie schwanger sind. Hatte eine Frau mal längere Zeit keinen Sex, dann träumt sie seltener davon, als wenn sie gerade viel Sex hat. Wie voll der Kopf mit Alltagssorgen ist, das hat auch mit der Stimmung zu tun. Frauen bekommen in der Leichtigkeit eines schönen Urlaubstages auf jeden Fall mehr Lust auf Sex als zwischen Waschmaschine ein- und Geschirrspüler ausräumen.

Ein netter Abend mit vielen Gesprächen ist der Sexlust einer Frau hingegen äußerst förderlich. Heiteres Plaudern mit möglichst viel Gelächter, das finden die Mädels gut. Fernseher aus, Kerzen an, ein Gläschen Wein und miteinander quatschen, dazu eine dezente CD, das steigert die Sexlust einer Frau ungemein. Man mache ihr dann noch einige Komplimente und sage ihr, wie schön es mit ihr ist und warum. Immer will sie das Gefühl haben, begehrt zu werden. Wie schön sie – und wie schön es mit ihr ist, das kann man einer Frau gar nicht oft genug sagen.

Für viele Frauen fängt Sex im Kopf an. Sie stehen nachmittags so am Bügelbrett und plötzlich fällt ihnen ein, wie angenehm jetzt doch Sex wäre. Nur leider ist keiner da. Dann lassen sie entweder Wasser in die Wanne ein, gönnen sich eine schöne Stunde und haben mit sich selbst Sex, oder sie denken weiter daran, bis der Mann nach Hause kommt.

Dann allerdings wollen sie gleich Sex. Ein Mann, der sich hiervon überfordert fühlt, sollte das besser für sich behalten. »Schatz, lass mich doch erst einmal zur Ruhe kommen« ist auf jeden Fall die falsche Reaktion!

Zur Stimmung gehört auch, wie die Frau sich gerade selbst findet. Sie kriegt nämlich keine Lust auf Sex, wenn sie sich gegenwärtig in einem ihrer zahlreichen seelischen Tiefs befindet. Fängt der Abend also mit endloser Lamentiererei über ihr Gewicht und ihre Migräne an und geht mit allerlei Nörgelei weiter, so kann man ziemlich sicher sein: Heute wird es schwierig mit Sex. Heute ist sie selbst ihr allergrößter Feind!

Aber noch ist nichts verloren. Frauen lieben es, wenn sie an solchen Tagen verhätschelt und bemuttert werden. »Schatz, lass mal, ich mache das schon« ist Balsam für ihre Seele. »Ich weiß doch, wie schwer du es hast« gehört unbedingt ins männliche Repertoire. »Komm, lass uns heute essen gehen« ist keineswegs verkehrt. »Möchtest du eine Massage?« kann sogar einen massiven Stimmungswechsel zur Folge haben. Alles, was ihren Stress mildert, ist gut. Wahrscheinlich hat sie schon bald vergessen, wie scheiße sie eigentlich drauf ist!

Kindergeschrei ist nicht gut für die Sexlust. Kinder im Ehebett sind Sexkiller. Müdigkeit, Meinungsverschiedenheiten (Frauen sagen auch gern »fehlende Nähe« dazu) dürfen ebenfalls als hinderlich gelten. Die Quintessenz: Fühlt die Frau sich gut, hat sie auch Lust auf Sex. Drückt sie die Alltagslast zu sehr, reagiert sie mit Sex-Unlust. Man sorge also dafür, dass es der Frau gut geht. Dann kriegt sie auch Lust auf Sex.

Viele Männer fragen sich, ob ein Porno die Lust einer Frau erwecken könnte. Man könnte ja mal ganz nebenbei einen reinschieben und ihn gemeinsam gucken. Mal sehen, was passiert! Tatsache ist: Primitiv dargestellte Erotik mit einfallsloser Rammelei törnt die meisten Frauen eher ab. Es gibt allerdings Pornos, die speziell für Frauen gedreht werden. Sie sind ästhetischer als die anderen und haben eine richtige Handlung. Viele schöne Männer kommen darin vor und Frauen, die sich ihre geheimen erotischen Wünsche erfüllen. Solche Pornos gucken die meisten Frauen hin und wieder ganz gern – auch als Anregung für eigene Aktivität. Man findet solche Filmchen zum Beispiel in Sexshops, in denen nur Frauen Zugang haben, und teurer als die gängigen Rein-Raus-Pornos sind sie leider auch.

Das Vorurteil, in unseren Betten herrsche »tote Hose«, widerlegt eine neue Studie der Frauenzeitschrift »Bild der Frau«. In ihrem Auftrag befragte das Meinungsforschungsinstitut FORSA 1000 Frauen zwischen 25 und 60 Jahren zum Thema Sexualität. 52 Prozent sagten, sie seien mit ihrem Liebesleben zufrieden; 31 Prozent waren sogar sehr zufrieden. 83 Prozent schwärmten vom Sex mit ihrem Partner und sagten, sie würden ihn sehr genießen. Jedes zweite Paar ist demnach bis zu drei Mal die Woche sex-aktiv!

24 | MUSS ICH VOR DEM SEX DUSCHEN?

Nicht grundsätzlich. Denn die erotischste Stimmung wird zerstört, wenn ER im entscheidenden Moment eine Pause einlegt, nach dem Motto »Warte, ich geh mal eben ins Bad«. Menschen, die sich lieben, sollten sich buchstäblich »riechen« können. Und dazu gehört auch der Körpergeruch. Vorsicht, wenn eine Frau auf Duschen vorm Sex besteht: Da stimmt irgendwas nicht! Wahrscheinlich legt sie auch noch ein Handtuch aufs Bett, damit das Laken schön sauber bleibt.

Nun gibt es aber Männerberufe, die ziemlich schweißtreibend sind. In dem Fall ist eine gewisse Körperhygiene wahrscheinlich ohnehin Routine beim Feierabend. Und das ist auch gut so. Kommt man trotzdem ungeduscht nach Hause und hat ein Schweißproblem, gibt's immer noch eine vernünftige Alternative: Gemeinsam duschen. Was übrigens schon oft der Anlass zu Sex gewesen sein soll.

Wo wir nun schon mal im Bad sind, können wir ja auch übers Rasieren reden. Ob ein Mann intim so glatt wie ein Babypopo sein sollte, darüber gehen die Meinungen der Frauen weit auseinander. Der Trend geht im Moment allerdings ganz klar zur Intimrasur, vor allem bei jüngeren Leuten. Ausgenommen sind Beine und Brust. Wenn Männer sich dort rasieren, finden es viele Frauen eher peinlich. Haare in den Ohren und in der Nase sind durchweg unbeliebt. Unter den Achseln und am Hodensack sind viele Frauen mit dem Einsatz eines Drei-Tage-Bart-Schneiders einverstanden, so dass es dort wenigstens nicht so ausufernd wuchert. Denn kaum eine Frau hat beim Oralsex gerne Haare zwischen den Zähnen. Grundsätzlich kann man sagen: Ein Mann, der sich intim rasiert, macht keinesfalls einen Fehler. Und wenn er an eine Frau gerät, die darauf gar nicht steht – dann kann er ja wieder wachsen lassen.

25 | WORAN DENKT SIE ÜBERHAUPT BEIM SEX?

Zunächst mal denkt sie: Typisch Mann, dass er nicht mal Kondome dabei hat. Zum Glück hat sie ja welche. Sie weiß aus Erfahrung, dass die meisten Männer nicht einmal DARAN denken. Sie wäre sowieso glücklich, wenn ihr Partner sich irgendwie für das Thema Verhütung interessieren würde. Also zum Beispiel mal fragt, ob sie überhaupt die Pille nimmt. Übers Kondom denkt sie: Hoffentlich akzeptiert er, dass ich nicht ohne will. Wehe, er fängt gleich zu feilschen an, so nach dem Motto »Nur ganz kurz mal« oder »Ich passe schon auf«. Sie weiß nämlich sehr genau, dass Samenflüssigkeit auch vor dem Höhepunkt austreten kann. Und sie hat absolut keine Lust, beim Sex Roulette zu spielen.

Okay, das alles geht ihr vielleicht beim heißen Vorspiel durch den Kopf, aber nun geht's ja endlich zur Sache. Und woran denkt sie jetzt? Entweder an nichts – oder an das, was sie gern hätte im Bett. Mit anderen Worten: Hat sie guten Sex, sind Wünsche, Gedanken und Realität identisch. Ist sie aber an einen langweiligen Liebhaber geraten, dann denkt sie beim Sex vielleicht an eine außergewöhnliche Stellung oder an Sex mit einem Wildfremden. Hat der Partner keine erotische Figur, denkt sie sich vielleicht eine herbei. Bleiben ihre sexuellen Träume langfristig unerfüllt, werden sie immer wieder beim Sex auftauchen, so wie ein kleiner erotischer Film in ihrem Kopf. Hat sie richtig schlechten Sex oder zieht sich der Sex so lange hin, dass sie nun wirklich nicht mehr mag, dann denkt sie auch schon mal an die Einkäufe von morgen oder an den Besuch der Schwiegermutter.

Ein nur schwer auszurottendes Männer-Gerücht ist, dass die Frau beim Sex recht häufig an ihr »erstes Mal« denkt. Dass sie ihren ersten Liebhaber niemals vergisst, und dass man gegen den sowieso nicht ankommt. Irgendwie sind Männer auf den »Ersten« ziemlich eifersüchtig. Dabei liegen sie mit dieser Einschätzung vollkommen falsch. Die meisten Frauen haben an das erste Mal eher peinliche Erinnerungen, über die sie rückblickend bestenfalls nachsichtig lächeln. Tiefe Sehnsucht und »Immerzu an ihn denken müssen«? Nichts davon.

26 | WIE WICHTIG IST EIN GROSSES GLIED FÜR SIE?

Wir sind nun beim Thema, was Frauen im Bett eigentlich gefällt. Und weil alle Männer furchtbar große Angst davor haben, dass »ihrer« zu klein sein könnte, ist die Überschrift dieses Kapitels für sie natürlich besonders interessant. Aber wir haken danach gleich noch einige andere mehr oder weniger intelligente Männerfragen ab; dann sind die auch erledigt.

»Kurz und dick, Frauenglück. Lang und schmal, Frauenqual.« Oma wusste schon, wovon sie sprach. Denn ihre Weisheit stimmt im Großen und Ganzen. Ein ungewöhnlich langes Glied ist bei Frauen nicht so beliebt, weil es am Gebärmutterhals Schmerzen verursachen kann. Das gilt vor allem für Frauen, die eine Spirale benutzen.

Ein ungewöhnlich schlankes Glied mögen sie aber auch nicht in sich haben, weil sie es weniger spüren. Das gilt vor allem für Frauen, die bereits Kinder gekriegt haben. Ein ungewöhnlich dickes Glied ist ebenfalls nicht so beliebt, denn wenn ER ein wenig unsensibel ist und zu früh eindringen will, tut es IHR weh. Außerdem ist ein dickes Glied bei Analverkehr recht hinderlich.

Das durchschnittliche Mittelmaß ist deshalb optimal. Es liegt hierzulande im erigierten Zustand exakt bei 14,7 cm. Deutsche Männer müssen sich allerdings in der internationalen Penislängen-Hitliste nach Franzosen (16 cm), Italienern (15,1 cm), Russen (15 cm) und Mexikanern (14,9 cm) mit Platz 5 zufrieden geben. Trost: Die feurigen Spanier liegen mit 13,6 cm weit abgeschlagen auf Platz 11, und die reichen Saudis treten nur mit 12,4 cm an. Träger der roten Laterne sind übrigens die Südkoreaner (9,6 cm).

Interessant ist auch, dass sich Männer bei der Länge ihres besten Stückes regelmäßig überschätzen: 82,4 Prozent glauben, dass »er« länger sei, als das Maßband hinterher bestätigt. Und ein gutes Drittel der Männer kauft regelmäßig zu große Kondome – vielleicht bevorzugen Frauen deshalb lieber welche, die sie selbst gekauft haben?

Eins ist jedenfalls sicher: Wichtiger als die Größe ist allemal die Frage, wie ER damit umzugehen weiß. Was nützt das schönste Glied von optimaler Länge und Dicke, wenn damit nur gedankenlos gerammelt wird? Ein Mann, der auf seine Partnerin eingeht und sich um sie bemüht, der kann die Frage aus der Überschrift mit einem klaren »Gar nicht« beantworten.

Nun kommen wir mal zum Thema »erotische Spiele«. Darauf steht sie garantiert. Je phantasievoller, desto besser. Ein langes Vorspiel mit viel Geduld und Zeit ist für eine Frau unendlich wichtig. Sie wünscht sich, dass ihr Körper jedes Mal neu entdeckt wird. Sie möchte, dass langsam, ganz langsam eine erotische Stimmung aufgebaut wird. Sie träumt von Sex, der zelebriert wird wie ein Gottesdienst. Sie möchte jedes Mal verführt werden.

Viele Frauen beklagen sich jedoch heftig über die Einfallslosigkeit der Männer und über zu wenig Abwechslung beim Sex. Immer die gleichen Berührungen, immer das gleiche Ritual. Womöglich auch noch immer der gleiche Tag? Da ist keine Kreativität zu spüren, da ist keine Erotik drin. Kennen Sie den Werbespot, wo sie und er im Lift stehen? Man spürt, wie die Luft zwischen den beiden brennt. Da flüstert sie: »I hate Sex ...« Er schaut ein wenig enttäuscht, und sie vollendet ihren Satz: »... in the bedroom.« Da erhellt sich seine Miene. Sex im Fahrstuhl ist tatsächlich eine feine Sache, die sich die meisten Frauen übrigens sehr gut vorstellen könnten. Nur haben sie dafür nicht den richtigen Partner. Und deshalb schrauben sie ihre Ansprüche ziemlich weit runter.

Fragt man Frauen, was genau ihre erotischen Wünsche sind, so kommen tatsächlich eher harmlose Antworten: »Endlich mal woanders als immer nur im Bett.« »Auf der Motorhaube.« »Auf dem Schreibtisch.« »Unter der Dusche.« »In der Badewanne.« »Mal in einer neuen Stellung.« »Am Küchentisch im Stehen.« »Mit Augen verbinden.« »Mit Eiswürfeln spielen.« »Champagner aus dem Bauchnabel.« »Einfach mal spontan.« »Er soll nicht lange drüber reden, er soll einfach machen.«

Und was man auch immer wieder von Frauen hört: »Wenn wir schon mal was Neues im Bett ausprobieren, dann war es bestimmt meine Idee und nicht seine. Ihm genügt es vollkommen, wenn wir Nullachtfünfzehn-Sex haben.« »Ich kann mich so verführerisch anziehen, wie ich will: Er kommt einfach nicht auf die Idee, es mal woanders als im Schlafzimmer zu machen.« »Die ersten vier Wochen war er total scharf auf mich und wollte immer und überall, seitdem ist nix Spannendes mehr passiert ...« »Wenn er Fußball guckt, könnte ich direkt vor ihm strippen. Er würde nicht mal hinschauen.« »Neulich wollte ich ihm mal die Augen verbinden und ihn ans Bett fesseln. Nur um mal was Neues auszuprobieren! Ich fand das total scharf. Aber er überhaupt nicht. So kann ich nicht, hat er gesagt. Und dabei ist es dann geblieben, ich kam mir ja auch irgendwie blöd vor.«

Aus all diesen merkwürdigen Aussagen könnte man natürlich den Schluss ziehen, dass Männer beim Sex nicht sehr phantasievoll sind. Man könnte sie sogar für ausgesprochene Sexmuffel halten. Tatsächlich scheint das Klischee »Er will immer, sie hat Kopfweh« längst nicht mehr zu stimmen. Eher ist es wohl umgekehrt: »Sie will immer, er ist müde.«

Und nun das Thema »dirty talk«. Soll er die Klappe halten, »Ja, Baby, das ist geil« stöhnen oder sogar irgendwas von sich geben, was keinesfalls jugendfrei ist? »Dirty talk«, das so genannte »schmutzige« Liebesgeflüster. Frauen sagen: Wenn dabei das Wort »du« häufiger vorkommt als das Wort »ich«, kann es durchaus anregend sein. Es gibt viele Frauen, die beim Sex gern reden! WIE dirty, das muss man ausprobieren und am besten erst einmal abwarten, wie SIE sich äußert. Man kann einer Frau mit allen möglichen Worten sagen, dass sie die Beste ist und dass es unglaublich Spaß macht, mit ihr zu schlafen.

Im Mittelpunkt des »dirty talk« sollte immer die Frau stehen. Sie hat gern das Gefühl, dass es um SIE geht. Dass SIE wichtig ist und IHR Genuss an erster Stelle steht. Eher abtörnend ist es für eine Frau, wenn ER ihr fünfmal hintereinander »Gleich komm ich« ins Ohr brüllt. Abtörnend sind auch Männer, die beim Orgasmus wie kleine Kinder jammern. Das Abtörnendste ist aber immer noch die schwachsinnige Frage »Wie war ich?«. Man mag es kaum glauben: Diese Unsitte ist tatsächlich noch nicht ausgestorben, wird allenfalls leicht abgewandelt (»War's schön für dich?«, oder noch schlimmer: »Bist du echt gekommen?«, oder am schlimmsten: »Das war doch jetzt nicht gespielt, oder …?«). Nein, Schatz. Es war nicht gespielt. Ja, Schatz. Ich bin echt gekommen. Und ja, Schatz. Es war schön für mich. Und im Übrigen warst du mal wieder sooo toll …

27 | WAS HÄLT SIE VON ANAL UND ORAL?

Wenn Sie die Frage schockiert, blättern Sie einfach weiter. Diese Seite rausreißen ist aber keine gute Idee, weil Sie dann schon zwei Fragen verpassen würden! Also: Analsex ist für viele Frauen ein »Tabuthema«. Außerdem haben sie Angst davor. Nur ein äußerst sensibler, einfühlsamer Mann könnte ihre Meinung ändern, denn diese Art von Sex erfordert lange Vorbereitung und ein perfektes Zusammenspiel. Lassen Sie uns einen Moment bei diesem Thema bleiben.

Frauen, die positive Erfahrung mit Analsex haben, wurden anfangs beim Sex von ihrem Partner vorsichtig anal stimuliert und empfanden es nicht als unangenehm. War die erste Hemmschwelle überwunden, verlangten sie sogar danach und stellten verwundert fest, wie dehnbar und empfänglich ihr Körper auch in diesem Bereich ist. Für viele gehört ein gutes Gleitgel seitdem zu den gewohnten erotischen Hilfsmitteln. Den analen Orgasmus beschreiben sie als »anders«, nicht unbedingt als »intensiver« oder »schöner«. Mit drei schlichten Worten fasst eine Frau ihre Meinung so zusammen: »Hauptsache, es flutscht.«

Nun zum Oralsex. Nur wenige Frauen blasen, weil sie es so überaus erotisch finden. Sie tun es, weil sie dem oralsex-süchtigen Mann eine Freude machen wollen. Eine deutliche Mehrheit (53 Prozent) lässt sich aber »sehr gern« mit der Zunge befriedigen. Die meisten Frauen kommen oral schneller zum Höhepunkt! Es gleich beim ersten Mal ein bisschen oral zu versuchen, schadet also nichts. Steht sie nun gar nicht drauf (auch das gibt es), wird's der Mann schon irgendwie merken.

28 | WARUM WILL SIE NICHT SCHLUCKEN?

Weil's nicht schmeckt und von der Konsistenz her eher widerlich ist. Das muss man mal ganz klar so sagen. Sperma ist nicht so fest wie Wackelpudding, aber auch nicht so flüssig wie Lebertran. Irgendwo dazwischen. Ein Vergleich: Wenn man einen Batzen Schleim im Mund hat, weil man erkältet ist, würde man den am liebsten ausspucken, nicht wahr? Aber wenn man zum Beispiel im Restaurant sitzt, geht das nicht. Also schluckt man den Batzen runter: Genau das ist vergleichbar mit dem Gefühl, Sperma zu schlucken.

Der eigene Schleim ist geschmacklos oder wird zumindest so empfunden. Die Beschreibungen des Geschmacks von Sperma schwanken zwischen »süßlich« und »salzig«. Das ist natürlich ein breites Spektrum, aber tatsächlich ist der Geschmack von der Ernährung abhängig. Männer, die viel Obst (zum Beispiel Ananas) essen, schmecken offenbar besser als Fast-Food-Freaks. Beliebt ist der Geschmack keinesfalls. Frauen merken an, dass sie ihn »eine Woche nicht mehr aus dem Mund rauskriegen«, andere haben genau aus diesem Grund ständig »Fisherman's Friend« dabei. Fast einhellig ist die Frauenmeinung: »Schlucken nur, weil er es so toll findet, als Liebesbeweis.«

29 | WIE FÜHLT SICH IHR ORGASMUS AN?

Das kann eine Frau kurz beschreiben, dann klingt es so: »Es ist wie beim Niesen. Erst merkt man so ein leichtes Kribbeln, dann wird es stärker und stärker, die Atmung wird heftiger, ja, und dann kommt der große Ausbruch.«

Das kann eine Frau lyrisch beschreiben, dann klingt es so: »Das Denken ist ausgeschaltet. Nur Bilder der Lust wandern im Kopf. Der Körper giert nach ›Eins sein‹. Verschmelzung ohne Fragezeichen. Die Atmung regiert den Drang. Der Schweiß der Lust tut sein Übriges dazu. Das Ziel, den Höhepunkt zu erreichen, jagt einen durch angenehme Gefühlsbäder. Und dann ein Feuerwerk der Sinne. Sprühende Kraft in jedem Winkel deines Körpers. Ein gemeinsamer Orgasmus kommt der Symbiose zweier Explosionen gleich. Der Urknall des gemeinsamen Ichs führt zurück an die Wurzeln des Seins. Danach farbig-bunte Erschöpfung, glückliches Fallenlassen in weiche Arme, durchatmen und angekommen sein. Willkommen im Ich.«

Das kann eine Frau mit hübschen Bildern beschreiben, dann klingt es so: »Weibliche Orgasmen sind unterschiedlich. Sie kommen in Wellen. Da gibt es welche, die sind so, wie wenn ein Steinchen in einen See plumpst: Klein, ganz hübsch, hinterher ist das Wasser ruhig und entspannt. Dann gibt es welche, die rollen an und ab wie Wellen an den Meeresstrand – mal sanfter, mal wilder, mal gleichmäßig, mal unregelmäßig. Seeehr angenehm, das Ganze. Und dann gibt's noch regelrechte Tsunamis, die die ganze Welt versinken lassen und laaaange nachwirken. Solche Tsunami-Orgasmen gibt's nicht jeden Tag, aber wenn einer passiert, erfasst er den Körper der Frau bis in den letzten Winkel, sogar die kalten Füße werden warm, alles Störende, der Alltag, alles ist für lange Zeit verschwunden, und diese Orgasmen sind es, von denen eine Frau lange zehrt.«

Oder so: »Wie ein Vulkanausbruch. Das eine Mal kommt nur Rauch, das nächste Mal fließt ein kleines bisschen Lava, beim dritten Mal sprüht die Lava weit in den Himmel hoch, beinahe wie der Pilz bei einer Atombombe, und das kann zu einem ohnmachtsähnlichen Zustand führen.«

Oder so: »Das ist ... Wie soll man sagen ... ohne dass es grotesk klingt ... So wie eine Naturgewalt. Man begibt sich in eine Ebene, bei der alle Dimensionen vereint sind. Manchmal muss ich danach sogar weinen, weil es mich so berührt ... Es hat so eine göttliche, so eine spirituelle Wirkung oder Empfindung. Es geht nicht um die reine Triebbefriedigung. Es geht über Sex hinaus. Je älter ich werde, desto intensiver empfinde ich das.«

Jetzt wissen wir so ungefähr, wie sich das anfühlt bei der Frau. Bleiben wir gleich beim Thema und fragen, was Männer noch gern wissen möchten. Ist es für die Frau denn überhaupt wichtig, dass sie jedes Mal »kommt«? Sie kommt nicht jedes Mal. Aber deshalb ist es trotzdem wichtig. Wenn eine Frau mit einem Mann schläft, dann will sie auch einen Orgasmus haben. Noch besser wären zwei. Am besten wäre der multiple Orgasmus.

Wenn eine Frau erzählt, dass es »auch so« für sie schön sei (»auch so« bedeutet, dass sie wieder einmal nicht gekommen ist), dann erzählt sie ein barmherziges Märchen. Oder sie ist konfliktscheu. Oder sie hat längst resigniert. Oder sie weiß überhaupt nicht, was ein Orgasmus ist.

Es gibt für eine Frau nichts Schlimmeres als Männer, die nur auf ihren eigenen Orgasmus bedacht sind und danach einschlafen. Jede Frau kann von ihrem Partner erwarten, dass ihr Orgasmus für ihn mindestens so wichtig ist wie sein eigener. Das weiß heutzutage jedes Kind. Theoretisch. Wieso gibt es trotzdem Millionen Männer, die es einfach ignorieren?

Vielleicht hat es damit zu tun, dass Frauen ihre eigenen Bedürfnisse so gerne hintenanstellen. Sie verzichten lieber, als dass sie sich durchsetzen. Sie entscheiden sich für den Weg des geringsten Widerstandes.

»Kein Mann, der seine Frau liebt, schläft vor ihrem Höhepunkt ein.« Diesen Satz sollte man auf ein großes Poster schreiben und kostenlos an Millionen Haushalte verteilen. Als Blickfang an der Wand über dem Ehebett.

Eine FORSA-Umfrage vom Frühjahr 2006 brachte übrigens zum Thema Orgasmus die erfreuliche Nachricht, dass ein Viertel der Frauen jedes Mal zum Höhepunkt kommt und die Hälfte immerhin »häufig«.

Da war nun eben die Rede vom »multiplen« Orgasmus. Sie kommt also nicht einmal, sondern gleich mehrmals hintereinander. Ein wahres Feuerwerk der Lust, wenn man so will. Wie bewerten Frauen diesen offenbar nicht sehr häufigen Volltreffer?

»Das wäre wie Endspiel in der Champions League.« »Wenn man das einmal erlebt hat, vergisst man es nie wieder. Sagt meine Freundin.« »Danach kann man auch schlechten Sex ertragen, denn man hat ja die Erinnerung.« »Vorstellen kann ich es mir nicht. Aber ich träume manchmal davon, wie es wohl ist.« »Meine beste Freundin redet immer noch davon. Dabei liegt es schon Jahre zurück, und zu dem Mann hat sie gar keinen Kontakt mehr.« »Ich war leider noch nie mit einem Mann so gut eingespielt, dass es passiert ist.« »Ich kenne keine Frau, die NICHT gern einen multiplen Orgasmus hätte.« »Mehrmals hintereinander zum Höhepunkt kommt eine Frau nur mit einem ganz besonders einfühlsamen Partner. Aber davon gibt es ja leider nicht so viele!« »Mir wäre es nicht genug, wenn ich nur davon träumen könnte. Ich will ihn erleben! Aber es ist eine Ausnahme, ein Glücksfall, ein absolutes Highlight. Alles muss stimmen, nichts darf stören – und den richtigen Partner dazu hat ja leider nicht jede Frau.«

Man könnte SIE ja mal fragen. Bestimmt hat sie einige Ideen, die zum »Multiplen« führen könnten. Und wenn man sich schon mal so intim nett unterhält, könnte man gleich eine weitere Männerfrage erörtern. »Sag mal, Schatz ... Wenn du's dir selbst machst: Ist das eigentlich schöner als mit mir ...?«

Frauen lachen vielleicht über solche Fragen, aber Männer haben sie nun mal. Also: Die Antwort heißt eindeutig Nein. Sex ohne Mann ist für eine Frau die zweitbeste Möglichkeit, einen Orgasmus zu bekommen. Natürlich weiß sie selbst am besten, wie sie kommt. Aber nichts geht über den gemeinsamen Höhepunkt mit dem eigenen Partner. Nur wenn sie ihre eigenen Bedürfnisse nicht äußern kann oder darf, wenn sie zusätzlich noch einen unsensiblen Partner und unterm Strich recht schlechten Sex hat, dann macht sie sich's lieber selbst.

30 | WO SITZT EIGENTLICH DER G-PUNKT?

Am liebsten hätten Männer auf der Suche nach dem Zentrum der weiblichen Lust einen Lageplan, dem sie nur zu folgen brauchen. Das wäre doch mal was Feines! Männer lieben Karten lesen und behaupten sowieso immer, dass sie's besser könnten als Frauen. Diesmal also keine Landkarte, sondern eine Vaginalkarte. Oder man gibt die Anweisungen gleich selbst, so wie die Frauenstimme im Navigationssystem. Eingabe: G-Punkt. Und dann ertönt: »Ge-ra-de-aus. In zwei Zentimetern nach links abbiegen. Ziel erreicht!« Und wenn er ihn immer noch nicht gefunden hat, dann sagt die Frauenstimme mit leicht gereiztem Unterton: »Nach Möglichkeit bitte wenden.«

Dass es diesen G-Punkt gibt, vermutet die Wissenschaft angeblich schon seit dem 17. Jahrhundert. Einen Namen bekam er allerdings erst in den Fünfzigerjahren des vorigen Jahrhunderts. Es soll sogar noch mehr Punkte geben, zum Beispiel den A-Punkt und den C-Punkt. Aber für die interessiert man sich nicht so sehr. Die typische männliche Stammtisch-Frage heißt: »Wer von euch weiß eigentlich, wo genau der G-Punkt ist?« Betretenes Schweigen und Achselzucken. »Keine Ahnung.«

Ob der G-Punkt überhaupt existiert, darüber streiten die Experten noch. Von uns befragte Frauen konnten ihn jedenfalls durchaus lokalisieren ... Nach mehrheitlicher Meinung sitzt das »Ufo« ungefähr fünf Zentimeter vom Vaginaleingang an der vorderen Scheidenwand, also Richtung Bauchdecke. Am besten soll der Mann ihn finden, wenn er seinen Finger etwas krumm macht. So wie die alte Hexe, die Hänsel und Gretel ins Pfefferkuchenhaus lockt. Die Fingerkuppe zeigt nun also wieder zum Mann. Wenn er jetzt »auf zwei Uhr« geht (das kennt er aus der Bundeswehrzeit von den Schießübungen!), dann sollte er ihn erwischen.

Klein ist er nicht, der G-Punkt. Ungefähr so groß wie ein Euro. Wenn's ihn denn überhaupt irgendwo gibt.

31 | IST ES SCHLIMM, WENN ICH ZU FRÜH KOMME?

Es ist dann schlimm, wenn ER sich nicht um IHREN Höhepunkt kümmert. Das ist ohnehin schon schlimm. Wenn ER dann auch noch einen Frühstart hinlegt, ist es äußerst enttäuschend. »Ich hatte mal einen, bei dem ging es nur Rein-Raus-Rein-Raus und fertig. Und dann sagt er auch noch: Ich bin eben so scharf auf dich, dass ich mich nicht mehr bremsen konnte ... Das hat er als Kompliment gemeint!«, empört sich eine Frau. So geht das jedenfalls nicht.

Frauen, die einen Frühstarter im Bett haben, möchten erst selbst kommen: »Danach kann er machen, was er will. Die paar Minuten geht's schon noch.« Bewährt hat sich der Einsatz von ejakulationshemmenden »Liebesringen« (man kann einen Ring tatsächlich nicht nur am Finger tragen). Aber, auch das ist eine frauentypische Anmerkung: »Er weigert sich einfach, mit mir in einen Sexshop zu gehen und sich so was mal gemeinsam anzuschauen.«

32 | WANN HAT SIE SCHMERZEN BEIM SEX?

Das ist auch so ein Thema, über das viel zu wenig gesprochen wird. Sie hat nämlich viel öfter Schmerzen beim Sex, als die meisten Männer ahnen. Zum Beispiel bei Blasen- oder Eierstockentzündung. Oder wenn die Scheide trocken ist. Oder noch wund vom letzten Sex. Wenn sein Glied zu lang oder zu dick ist, kann das auch ziemlich starke Schmerzen verursachen. Auch Monate nach der Geburt tut Sex vielen Frauen noch höllisch weh.

Obwohl es dafür überhaupt keinen Grund gibt, schämen sich erschreckend viele Frauen ihrer Schmerzen. Sie mögen darüber nicht sprechen. Sie beißen die Zähne zusammen, obwohl sie heulen könnten. Und erschreckend viele Männer kommen überhaupt nicht auf die Idee, sich bei ihren Frauen danach zu erkundigen. Sie merken nicht einmal, dass sie den Sex im Moment überhaupt nicht genießen, sondern nur über sich ergehen lassen. Gegenmaßnahme? Mehr miteinander reden! Auch darüber.

33 | WARUM HAT SIE PLÖTZLICH KEINE LUST MEHR AUF SEX?

Hat sie das denn? Gemeint ist doch wohl: Ihr ist nicht mehr so oft danach. Mit mangelnder Lust hat das nichts zu tun. Eigentlich müsste die Frage so lauten: Warum zum Teufel ist aus dem erotisch aufgeheizten Liebesnest, das die beiden doch einmal hatten, im Laufe der Jahre ein gefühlskalter Lagerraum für erotische Erinnerungen geworden?

Guter Sex und Alltagsstress sind Feinde, die sich nie vertragen werden. Das gilt für sie und auch für ihn. Routine tötet Erotik; das müsste selbst ein Mann begreifen. Kinder sind Sexkiller, wenn sie im Nebenzimmer schlafen. Drückende Sorgen machen die Scheide trocken. Und wer das Maul nicht aufkriegt, der kriegt auch keinen geblasen. Sie hat keine Lust auf Sex? Ha, das wüsste sie aber. Es sind die Männer, die sich die Wahrheit mit solchen Sprüchen schönreden. Denn wenn »sie keine Lust auf Sex« hat, dann ist er ja aus dem Schneider.

Man könnte an dieser Stelle tatsächlich auf die Idee kommen, dass Männer ihre Autos besser behandeln als ihre Frauen. Stellen wir uns mal vor, das Auto fährt nicht mehr. Würde der Mann dann auch sagen: »Ist eben so, es fährt nicht mehr?« Nein. Er würde sich umgehend darum bemühen, die Ursache herauszufinden. Und wenn das Auto namens Frau nicht mehr fährt, wenn sie buchstäblich nicht mehr auf ihn »abfährt«? Dann zuckt er mit den Schultern, gibt sich damit zufrieden und sagt: »Es ist eben so. Sie hat keine Lust mehr.«

Übrigens, wenn's denn sein muss: Eine Frau kann jahrelang ohne Sex leben. Natürlich würde sie sich dann gelegentlich oder regelmäßig selbst zum Höhepunkt bringen. Auf den eigentlichen Geschlechtsakt kann sie verzichten, wenn kein geeigneter Mann in Sicht ist. Viel wichtiger als Sex ist ihr Bedürfnis nach Zärtlichkeit. Sie kann sich zwar selbst befriedigen, aber sie kann schlecht mit sich selbst kuscheln. Dafür braucht sie ihn nun ganz gewiss.

Spannend ist diese Zahl: Paare, die keinen Fernseher im Schlafzimmer haben, schlafen doppelt so oft miteinander wie andere.[3] Das ergab eine Studie der italienischen Wissenschaftlerin Serenella Salomoni.

3 *Quelle: »Berliner Morgenpost«*

Ganz besonders gilt das für Paare über 55 Jahre: Die mit TV am Bett schlafen im Monat durchschnittlich nur 1,5 Mal miteinander, die ohne TV bringen es immerhin auf sieben Mal. Aber auch bei jüngeren Paaren wirkt sich Fernsehen negativ aufs Sexleben aus: Sechs Mal monatlich mit TV – und elf Mal monatlich ohne TV. Darüber sollten Männer unbedingt mal mit ihren Frauen reden, denn eine weitere Statistik besagt: Die überwältigende Mehrzahl der Frauen (84,3 Prozent) würde für ein erfüllteres Liebesleben sofort den Fernseher aus dem Schlafzimmer verbannen![4]

Ihre vermeintliche Lustlosigkeit hat unter Umständen mit ihren unerfüllten Wünschen zu tun. So träumt jede vierte Frau von einer Liebesnacht mit zwei Männern, aber dagegen hätte der eigene Partner vermutlich eine Menge einzuwenden – und es bleibt beim Träumen. Jede fünfte hätte aber gern mal Sex in der Öffentlichkeit, und immerhin jede zehnte Frau möchte einen Swingerclub von innen kennen lernen. Mehr Abwechslung im Bett wünschen sich 76 Prozent, da besteht also eindeutig männlicher Handlungsbedarf. Öfter mal die Stellung möchten 58 Prozent gern wechseln, und ungefähr ebenso viele hassen es, wenn er nach dem Sex gleich einschläft. Zu wenig Zeit fürs Vorspiel törnt immerhin 72 Prozent ab. Der Hammer ist jedoch diese Zahl: Befragt, wie sie Sex am liebsten haben, antworten 94 Prozent der Frauen mit »Kuschelsex«![5]

---

4 *Untersuchung der Uni Massachusetts, Prof. Neill Simon*

5 *FORSA für »Bild der Frau«, Frühjahr 2006*

4. KAPITEL

DIE FRAU UND IHRE FAMILIE

34 | KRIEGT SIE MIT 30 DEN NESTBAU-INSTINKT?

Ja, davon kann man ausgehen – wenn man mehr darunter versteht als nur den Wunsch, ein Kind zu bekommen.

Viele Frauen beenden mit Ende 20 gerade erst ihre Ausbildung. Sie kommen dann nicht unbedingt auf die Idee, sofort Mutter zu werden. Hinzu kommt, dass man heute auch mit 37 oder sogar erst mit 40 das erste Kind bekommen kann.

Aber ungefähr mit 30 möchte eine Frau durchaus gerne wissen, zu wem sie gehört und wie es mit ihrem Leben weitergehen soll. Das liegt unter anderem an ihrem Umfeld: Viele ihrer Freundinnen haben schon eine Familie. Die ersten sind sogar schon wieder getrennt. Die biologische Uhr tickt zunehmend lauter. 30 ist für jede Frau eine äußerst ernst zu nehmende Grenze.

Single-Frauen fragen sich: Bleibe ich jetzt für immer allein? Ich bin doch schon 30! Frauen mit einem festen Freund fragen sich: Will er wirklich eines Tages heiraten mit allem Drum und Dran? Ist er überhaupt bindungsfähig? Wünscht er sich wenigstens irgendwann eine Familie? Oder verbringe ich meine besten Jahre mit dem falschen Mann – der mich verlässt, wenn es für mich zu spät ist?

Mit 30 spüren die Frauen, dass sie sich langsam endgültig entscheiden müssen. Für ein bestimmtes Leben, für einen bestimmten Mann oder eben für die Karriere. Viele begreifen auch, dass ihre Träume zu hochtrabend waren und möglicherweise gar nicht funktionieren werden: Mann UND Kinder UND Karriere UND lebenslanges Liebesglück UND keine Sorgen UND UND UND … Möglicherweise doch ein bisschen zu viel vom Schicksal verlangt? Und nun?

Die Frau um 30 schaut sich andere Frauen an, die Kinder bekommen haben und damit glücklich sind. Vielleicht sind welche dabei, die sich für die alte klassische Rolle entschieden haben: Einen gut verdienenden Mann geheiratet, ein oder zwei Kinder in die Welt gesetzt, Reihenhaus am Stadtrand gekauft, und jetzt verbringen sie die Nachmittage auf dem Spielplatz. Es ist nicht gesagt, dass die Frau um 30 dem unbedingt nacheifern möchte. Aber garantiert denkt sie mit 30 oft darüber nach, was wohl aus ihr geworden wäre, wenn …

Die Kinderlosigkeit vieler Paare ist bei uns ein echtes Problem. Eine besonders intensive Debatte darüber gab es Anfang 2006. Deutschland diskutierte die Gründe: Früher war es selbstverständlich, Kinder zu haben – heute fällt die Entscheidung bewusst und viel zu oft negativ aus. »Die Entscheidung für ein Kind konkurriert mit anderen Möglichkeiten wie Karriere, Konsum, Freizeit und Selbstverwirklichung, auch beim Wechsel des Lebenspartners. In Deutschland ist es besonders schwer, Kinder und Beruf zu vereinbaren. Plätze zur Ganztagsbetreuung sind rar, flexible Arbeitsmodelle unüblich. Wer Kinder hat, muss oft Nachteile bei der Karriere hinnehmen. Kinder sind teuer – im Durchschnitt etwa 100.000 Euro bis zum 18. Lebensjahr. Kinder- und Elterngeld können das nicht aufwiegen ... Mit dem Alter sinkt die Fruchtbarkeit. Jedes siebte Paar ist ungewollt kinderlos ...« [6]

Es gibt aber noch einen Aspekt, der für Frauen wichtig ist. Sie fragen sich: »Wie wird es sein, wenn ich einmal alt bin?« Jede Frau weiß, wie viel Freude ihre eigene Oma an den Enkeln hat oder hatte. Und jede Frau hat Angst davor, im Alter alleine zu sein. Was später sein wird: Diese Frage stellt sich für Frauen um die 30 viel intensiver als für Männer im selben Alter. DIE können ja auch mit 65 noch Vater werden.

Die Frau um 30 möchte mit ihrem Partner wenigstens darüber reden, wie es weitergehen soll. Vermutlich wird sie sehr genau hinhören, wie er sich die Zukunft vorstellt und wie er mit diesem Thema umgeht. Sie möchte wissen, ob sie sich auf ihn verlassen kann. Weghören, ablenken und Witzchen machen ist auf jeden Fall die falsche Reaktion. Und ein Mann, der spöttisch fragt: »Ach, kriegst du jetzt den Nestbau-Instinkt?« – der hat in diesem Moment eine ganze Menge Zuneigung verloren!

Und was ist nun mit den vielen Frauen, die jenseits der 30 noch Single sind und keinen unglücklichen Eindruck machen? Nach vielen Gesprächen, auch mit angeblich glücklichen Single-Frauen, wagen wir die Behauptung: Auch sie sind auf der Suche. Zumindest insgeheim. Nach außen hin geben sie sich vielleicht anders. Die Annahme, jede Solo-Frau sei auf der Suche nach einem Partner, mag etwas verwegen klingen, aber offenbar ist sie tatsächlich nicht übertrieben. Behauptet

---

6 *Aus einem »Welt am Sonntag«-Report.*

eine Frau im Brustton der Überzeugung das Gegenteil, so lügt sie sich selbst in die Tasche.

Allerdings sind viele Frauen nicht bindungsFÄHIG und deshalb gar nicht in der Lage, eine Beziehung einzugehen. Sie projizieren all ihre Wünsche auf einen einzigen Mann und sind bitter enttäuscht, wenn er sie nicht erfüllen kann. Oder sie bleiben lieber allein, weil sie eine frühere Enttäuschung auf keinen Fall noch einmal erleben möchten. Aber das bedeutet noch lange nicht, dass sie die Sehnsucht nach einer guten Beziehung aufgegeben haben.

35 | MUSS ICH BEI DER GEBURT DABEI SEIN?

Die Geburt eines Kindes ist für eine Frau der wichtigste, unglaublichste und einschneidendste Moment in ihrem ganzen Leben. Und darum heißt die Antwort: Ja, sie hätte ihren Partner gern dabei.

Ist die Fragestellung aber wirklich so wie in der Überschrift (»MUSS ich dabei sein?«), dann fühlt sich der Mann doch offensichtlich zur Teilnahme verpflichtet. Ein Mann, der so fragt, würde die Geburt vermutlich lieber auf der anderen Seite der Kreißsaal-Tür abwarten.

Dafür muss er sich nicht schämen. Frauen sehen das meistens sehr realistisch. Eine sagte uns: »Wieso muss er sehen, wie das ganze Blut rauskommt und wie man reißt, wie man einen Dammschnitt bekommt und genäht wird? Nein danke.« Eine andere: »Mir ist es lieber, er nimmt das Kind nach der Geburt und fühlt sich gebraucht, wenn er es waschen kann.« Eine dritte: »Mir muss jemand die Hand halten bei der Geburt. Aber das muss doch nicht unbedingt mein Mann sein.«

Empfindlichen Männern, die sich trotz ihrer Bedenken in den Kreißsaal wagen, geben erfahrene Frauen diesen Rat: »Denke dir eine imaginäre Linie, die quer durch die Ohren deiner Frau verläuft. Wenn es ernst wird, halte deiner Frau die Hand. Aber bleibe immer hinter dieser Linie.«

Auch wenn er nicht dabei sein möchte: Mit der Frage, was die Geburt eines Kindes eigentlich für die Frau bedeutet, könnte er sich ruhig mal näher beschäftigen.

Worte einer Mutter: »Die Wehen, die Geburt – ein Wunder. Mal gruselig und schmerzhaft und angsteinflößend, mal einfach nur schön. Stell dir die schlimmste Darmgrippe oder Lebensmittelvergiftung vor, die du je hattest: Eine von denen, bei denen du denkst, es würde dein Innerstes zerreißen und du möchtest nur noch sterben. Du kannst nichts mehr denken, planen oder hoffen, du bist nur noch Schmerz. Und – anders als bei einer Darmgrippe – es dauert viele Stunden, manchmal länger als einen Tag! Und plötzlich wird die Sache ganz unerträglich. Und ist in wenigen Sekunden vorbei. Ein Baby wird auf deinen Bauch gelegt, vollkommen, gesund, für immer deins. Du bist fix und alle, verwundet und erleichtert, stolz und ängstlich, und das alles zur selben Zeit! Ist alles gut verlaufen, schießen so langsam die Glückshormone ein und du fühlst dich unendlich high …

Gäbe es DAS Gefühl als Droge, sie fände reißenden Absatz und die Dealer würden an einem Tag steinreich werden. Du brauchst keinen Schlaf, kein Essen, kein Schmerzmittel. Nichts und niemand kann dich davon abhalten, für dein Kleines da zu sein. Das ist der Sinn des Lebens! Der Sinn der Schmerzen! Dieses Kind ist dein Lebensgrund, dieses Kind hat Gott gemeint, als er den Menschen schuf!

Für Stunden bis Tage steht die Welt still für eine frisch gebackene Mutter. Sie ist in einem Ausnahmezustand. Der Mann sollte die Frau in dieser Zeit einfach lachen und weinen, stillen und schlafen lassen, wie sie es will und braucht. Danach aber wird es kritisch. Die Frau kommt heim aus der Klinik, und der Mann denkt, sie könnte doch so langsam mal wieder den Abwasch … oder den Boden … oder Lust auf Sex haben …

Sorry, Männer, aber so circa vier bis sechs Wochen brauchen die meisten von uns, bis sie den Still-Penn-Wickel-Marathon halbwegs hinkriegen und sich wieder als Herrin des eigenen Körpers begreifen. Bis sie sich nicht mehr wie im Dauer-Jetlag fühlen und bis die Schmerzen langsam vergehen.«

Nun kommt die Stillzeit. Und auch darüber wissen Männer viel zu wenig! Stillen ist unter anderem auch ein erotischer Vorgang, der das Bedürfnis der Frau nach körperlicher Nähe weitgehend befriedigt. Das Ziehen an der Brustwarze stimuliert. Das Bedürfnis der Frau nach körperlicher Nähe zu ihrem Partner steht in diesen Monaten längst nicht so im Vordergrund wie sonst.

Weil Männer davon nichts wissen, fühlen sie sich in der Stillzeit vernachlässigt. Viele werden sogar eifersüchtig auf das neugeborene Kind, das ihnen offensichtlich vorgezogen wird.

Dabei sind Männer in dieser Phase überaus wichtig – auf andere Weise: Die Frau befindet sich immer noch im Ausnahmezustand. Stillzeit ist die Fortsetzung der Schwangerschaft. Ihre Hormone stellen sich auf das Baby ein. Ihr Körper hat noch längst nicht die alte Form. Er gefällt ihr nicht. Oft ist sie traurig und deprimiert. Vor allem beim ersten Kind ist es so, als wäre sie über Nacht die Chefin einer Firma geworden – in einer Branche, von der sie überhaupt nichts versteht. Jeder Fehler, den sie macht, kann tödlich sein. Hat sie bereits Kinder, so kommt deren Eifersucht hinzu. Viele Frauen fühlen sich in der Stillzeit überfordert. Ihr Selbstwertgefühl ist im Keller.

Wer kann sie aufbauen? Wer kann sie trösten? Wer kann ihnen immer wieder sagen, wie toll sie alles machen? Wer kann ihnen helfen, auch mal Zeit für sich zu haben? Oder einfach nur mal durchschlafen zu dürfen? Das können nur die Männer.

Was auch noch entscheidend ist: Frauen sind in diesen Wochen und Monaten extrem empfindlich. Eine einzige kritische Bemerkung oder auch nur ein schräger Blick können sie in tiefe psychische Krisen stürzen. Sie haben extrem nah am Wasser gebaut (wussten Sie übrigens, dass ein- und dasselbe Hormon für die Produktion von Muttermilch und das Fließen von Tränen verantwortlich ist? Kein Wunder, dass man von der »postnatalen Tristesse« spricht!). Einer Frau im postnatalen Zustand begegnet man deshalb am besten wie einem bissigen Hund: Vorsichtig annähern, beruhigende Worte finden, Stress vermeiden und keine falsche Bewegung.

Die postnatale Tristesse (auch »Baby-Blues« genannt) trifft zwar nicht alle, aber die meisten Frauen. Die Symptome ähneln bisweilen denen einer schweren Depression. Erst im Sommer 2006 ging dieser Fall durch die Presse: Vier Tage nach der Geburt ihres Kindes sprang eine bis dahin vollkommen normale und psychisch unauffällige Frau, die sich wahnsinnig über ihr Baby gefreut hatte, aus dem Fenster der Neugeborenenstation in den Tod. Der hinterbliebene Ehemann beklagte sich, weil er die Krankenschwestern auf den schlechten psychischen Zustand seiner Frau hingewiesen hatte. Das Krankenhaus rechtfertigte sich damit, dass man die Frau aus ebendiesem Grund in ein Zweibettzimmer gelegt habe. Nach diesem Fall wurde diskutiert, ob man auf allen Stationen, auf denen frisch gebackene Mütter liegen, die Fenstergriffe abschrauben solle.

36 | WAS MACHT EINE HAUSFRAU EIGENTLICH DEN GANZEN TAG?

Das eine oder andere mag variieren; nehmen wir dieses Tagesprotokoll als Beispiel. Sie steht als Erste auf. Sie weckt die Kinder. Sie macht Frühstück. Sie überwacht das Zähneputzen, die Uhr im Nacken. Sie achtet auf die zum Wetter passende Kinderkleidung und setzt sich lautstark gegen die unpassenden Lieblingsklamotten durch. Sie schmiert Pausenbrot für Mann und Kinder. Sie inspiziert den Ranzen, schickt das eine Kind zur Schule und das andere in den Kindergarten. Sie nimmt das Kleinkind aus dem Bett, wechselt die Windeln und zieht es an. Sie füttert das Kind und schreibt den Einkaufszettel. Sie duscht und macht sich einigermaßen zurecht. Sie befreit das Bad von den Hinterlassenschaften der anderen, als da wären abgelegte Socken, Zahnpastareste, Haare in der Dusche, Spuren im Klo. Sie komplettiert den Einkaufszettel unter Berücksichtigung des heutigen Speiseplans und der Lücken im Kühlschrank, beschäftigt das Kleinkind, räumt den Frühstückstisch ab und den Geschirrspüler ein. Sie sortiert die Wäsche, schmeißt die Waschmaschine an, macht die Betten und telefoniert wahlweise mit Arztpraxis, Vermieter, Handwerker, Behörde oder Schule. Sie zieht das Kleinkind an, trägt es runter, setzt es in den Kinderwagen, hat den Einkaufszettel vergessen, rast wieder hoch und holt ihn, geht einkaufen, schleppt die Tüten nach Hause, zieht das Kleinkind aus und gibt ihm was zu essen. Sie schält Kartoffeln und setzt sie auf. Sie räumt die Waschmaschine aus und hängt die Wäsche auf. Sie kocht. Die Kinder kommen aus Kindergarten und Schule. Sie deckt den Tisch und hört sich Geschichten aus Kindergarten und Schule an. Sie schlichtet Streit und trocknet Tränen. Sie wickelt das Kleinkind und macht es zum Mittagsschlaf fertig. Sie isst mit den Großen. Sie räumt ab und überwacht die Hausaufgaben. Sie wickelt das Kleinkind, macht es ausgehfertig, fährt das eine Kind zum Sport und das andere zum Kindergeburtstag, wobei hierfür noch ein Mitbringsel gekauft werden muss. Sie holt das eine Kind vom Sport ab. Sie hört sich die Geschichten vom Sport an. Sie fährt nach Hause und legt ein wenig Gartenarbeit ein. Sie holt das andere Kind vom Kindergeburtstag ab. Sie spielt mit den Kindern ein Gesellschaftsspiel und lässt sie ein wenig fernsehen. Sie verschwindet kurz im Bad, denn bald kommt ihr Mann. Sie deckt den Abendbrottisch, kontrolliert die Hausaufgaben und den Zustand des Ranzens, wobei sie eine ältere, noch nicht unterschriebene, missratene Klassenarbeit findet. Sie ergreift die notwendigen disziplinarischen Maßnahmen und freut sich über ihren Mann, der soeben eingetroffen ist. Man isst gemeinsam, das Kleinkind bringt der Vater ins Bett, derweil räumt sie ab und den Geschirrspüler ein, den sie nun gleich anstellt, weil er voll ist. Sie plant dabei in Gedanken den nächsten Tag und passt auf, dass die Großen ihre Zähne putzen und ihre Zimmer aufräumen, was nicht ohne Stress abläuft. Sie sitzt noch einen Moment mit dem Mann und den Großen zusammen, bis die ins Bett müssen. Ihr Mann schaltet den Fernseher ein und wundert sich, dass sie nach wenigen Minuten einschläft. Denn eigentlich ist sie ja nur Hausfrau.

37 | WARUM IST SIE MANCHMAL SO GENERVT?

Es nervt Frauen, wenn sie nicht ernst genommen werden. Es nervt sie, wenn alles selbstverständlich ist, was sie machen. Wenn sie nicht mehr als Mensch wahrgenommen werden. Wenn sie sich eher wie ein Möbelstück fühlen.

Es nervt Frauen, wenn ER auf alle ihre Probleme mit einem versteckten Vorwurf reagiert: »Dann hättest du eben …«, »Dann solltest du eben …«, »Ich an deiner Stelle würde …« oder »Du könntest doch …«.

Es nervt Frauen, wenn sie ständig alles drei Mal sagen müssen und die Antwort auch beim vierten Mal noch lautet: »Das höre ich zum ersten Mal.« Es nervt Frauen, wenn ER grundsätzlich immer alles besser weiß. Wenn SEINE Arbeit und SEINE Sorgen abendfüllende Themen sind und IHRE Arbeit nichts dagegen zählt. Aber es nervt Frauen ebenso, wenn ER ganz offensichtlich Probleme hat und nicht darüber sprechen will.

Und dann die ganze Alltagsnerverei! Vier Stunden nach Feierabend anrufen und Bescheid sagen, dass man später kommt. Ungehaltene Versprechen: »Heute Abend gehen wir mal richtig schick aus« und dann kommt etwas Unaufschiebbares dazwischen. Irgendetwas reparieren wollen, aber nach vier Wochen funktioniert es leider immer noch nicht. »Jaja, das mach' ich schon noch.«

Am meisten nervt es Frauen, wenn sie ständig eins auf die Mütze kriegen. Egal ob das Kind in der Schule oder der Geschirrspüler in der Küche versagt, egal ob das Geld nicht reicht oder wieder mal kein Bier kalt gestellt ist: ER kümmert sich um nichts, aber SIE ist an allem schuld. Das nervt total.

Auch Feiertage bieten eine Menge »Nerv-Potenzial«. Obwohl Weihnachten doch das Fest der Liebe ist, gibt es gerade dann – statistisch betrachtet – besonders viel Krach. Kein Wunder, wenn man ehrlich ist. Die so genannten »Feier«-Tage sind für Frauen dasselbe wie Sommerferien für einen Hotelbesitzer: Hochsaison.

Frauen haben nichts gegen Weihnachten. Im Gegenteil. Für ihre angeborene Sehnsucht nach Harmonie und Seligkeit ist Weihnachten an sich das ideale Fest. Aber leider kümmern sich nur wenige Männer um den ganzen Kram, der mit Weihnachten nun einmal verbunden ist. Alles bleibt an IHR hängen. Es gibt deshalb im ganzen Jahr kein einziges Fest, das eine Frau derart heftig unter Leistungsdruck setzt wie Weihnachten. Und entsprechend dünn ist ihr Nervenkostüm an den Feiertagen.

Es geht ja nicht nur um Geschenke, Kochen und Dekorieren. Es geht um den Gesamtzustand der Wohnung. Schwiegermutter schaut bestimmt nicht nur ins Wohnzimmer, sondern auch noch unters Kinderbett! Zu Weihnachten fühlen Frauen sich nicht nur ge-, sondern überfordert, und das auch meistens zu Recht. Wer sich aber überfordert fühlt, der wird leicht ungerecht. Deshalb gibt es diesen klassischen nörgelnden Frauensatz: »Der Baum steht schief.«

»Der Baum steht schief« heißt nichts weiter als: »Ich rackere mich ab und du meinst, mit Tannenbaum-Aufstellen hast du deinen Beitrag geleistet? Nee, mein Lieber: Dafür gibt's von mir keinen Beifall.«

Stress gibt es aber nicht nur an Weihnachten. Es ist Frühling, der Vatertag rückt näher. Er verabredet sich mit seinen Kumpels. Sie verplant den Tag anderweitig. Und schon gibt's Ärger.

Viele Frauen können überhaupt nicht einsehen, warum es den Vatertag überhaupt gibt. Sie halten auch den Muttertag für überflüssig. Entsprechend sauer sind sie, wenn einer der wenigen Feiertage im Jahr der Familie verloren geht und sie wieder einmal alleine mit den Kindern sind. Vor allem, wenn sich der Mann auch sonst eine Menge Freiheiten herausnimmt, die sie nicht hat.

Ist der Mann ansonsten eher häuslich, wird sie ein Auge zudrücken. »Wenn er das braucht, soll er das machen. Und wenn er dann besoffen nach Hause kommt und schnarcht, na und? Den einen Abend im Jahr kann ich das aushalten.« Aber »den einen Abend im Jahr« – diese Einschränkung sagt ja bereits, dass es sonst eben nicht so häufig passiert.

38 | IST SIE DIE HEIMLICHE CHEFIN IM HAUS?

Davon kann man ausgehen. Allerdings wird sie das nicht an die große Glocke hängen und ihn im Glauben lassen, er sei der Chef. Dieser kleine Test kann helfen (bitte nur mit »SIE« oder »ER« antworten!):

Wer hat die Wohnung eingerichtet? Wer drängte auf die letzten drei größeren Anschaffungen? Wer wollte ausgerechnet dieses Auto? Wer hält die meisten Kontakte zu Schule/Nachbarschaft/Verwandtschaft? Wer hat in den letzten drei Jahren die Urlaubsziele ausgesucht? Wer entscheidet, was es zu essen gibt? Wer ist für Behördengänge usw. zuständig? Wer setzt den eigenen TV-Geschmack häufiger durch, bestimmt also das Programm? Wer hat in der Regel die Fernbedienung? Wer legt fest, welche Familienangehörigen zu Weihnachten besucht bzw. eingeladen werden? Wer legt fest, was in der Freizeit gemacht wird? Wer übt mehr Kritik am Partner? Wer setzt sich bei Alltagsstreitigkeiten öfter durch?

Wenn die Antworten häufiger SIE als ER heißen, ist sie tatsächlich die heimliche Chefin im Haus, was ja auch nicht weiter schlimm wäre. Hauptsache, der Laden funktioniert.

39 | WIE WICHTIG IST IHR VATER FÜR SIE?

Absolut und extrem wichtig. Er prägt ihr Männerbild fürs ganze Leben. Die meisten Frauen suchen sich Männer, die sie an ihren Vater erinnern. Natürlich nicht bewusst; sie merken das gar nicht. Es ist aber so.

Ebenso wichtig ist der Vater für die Persönlichkeitsentwicklung eines kleinen Mädchens. Ein Vater, der seiner Tochter immer wieder sagt, dass sie die fähigste und schönste Frau ist, die er kennt (außer Mama natürlich), der hat später eine selbstbewusste, stolze Frau zur Tochter. Trifft man eine Frau, die eindeutig unter ständigen Selbstzweifeln leidet, die unsicher ist und sich schlecht durchsetzen kann, so darf man dafür getrost ihren Vater verantwortlich machen.

Viele Frauen geraten deshalb immer wieder an die falschen Männer, weil sie sich von ihrem Vaterbild das ganze Leben lang nicht trennen können. Sie schlüpfen immer wieder in die Rolle, in die sie ihr Vater gedrängt hat. Das ist verhängnisvoll, wenn der Vater ein autoritärer, unsensibler und frauenverachtender Mensch gewesen ist.

Wie eine Frau aber später sein wird, also vielleicht in 20 oder 30 Jahren, das sieht man tatsächlich an der Mutter. Das alte Lied »... drum schau dir erst die Mutter an« lag genau richtig, obwohl es doch nur ein Schlager war. Zwar gibt es viele Frauen, die mit der Inbrunst der Überzeugung sagen: »So wie meine Mutter möchte ich niemals werden« und die das auch ganz ehrlich meinen – aber man kann ziemlich sicher sein, dass sie am Ende doch ins gleiche Rollenverhalten schlüpfen. Ganz einfach deshalb, weil die entscheidenden Lebensmuster im Kindesalter gestrickt werden. Und damals schauten sie ohne jede Distanz und Kritikfähigkeit mit kindlicher Bewunderung zu ihren Müttern auf.

40 | WARUM ERZÄHLT SIE SO GERNE VON IHRER KINDHEIT?

Zunächst einmal wünscht sie sich sehr, dass er auch mal was von seiner Kindheit erzählt. Alles möchte sie ergründen. Warum ist er so geworden, wie er ist? Das hängt doch garantiert mit früher zusammen! Sie stürzt sich zum Beispiel nur allzu gern auf seine Fotoalben von früher und will bei jedem vergilbten Bild ganz genau wissen, wer drauf ist und wie da die verwandtschaftlichen Zusammenhänge sind. Sie merkt sich alles und vergisst selbst den Namen der vor 28 Jahren leider viel zu früh verstorbenen Tante zweiten Grades nicht.

Nun zu ihr. Die Kindheit ist ein ganz zentraler Punkt in ihrem Leben. Es gibt kaum ein Thema, bei dem sie nicht unvermittelt den Dreh zu früher kriegt: »Also bei uns war das ja so …«, »Meine Oma hat ja immer …«, »Meine Mutter hat gesagt …«, »Da fällt mir ein, als ich ungefähr sieben war, das muss ich eben mal erzählen …« Frauen haben stets Bilder im Kopf. Sie blättern auch gedanklich ständig in einem Fotoalbum. Der Mann lebt jetzt und hier, die Frau lebt in der Vergangenheit und in der Zukunft. Was sein wird, macht ihr Angst. Und was früher war, das verklärt sie. Frauen kochen ja auch so gerne wie Mama! Nichts Schöneres als die alten Rezepte von damals. Und die alten Haushaltstipps sind die besten: Eine Schale mit Kaffeepulver in den Kühlschrank stellen, dann riecht er nicht mehr … Das ist ein Tipp von Oma. Und er funktioniert.

Die Frau als solche lebt in einer kalten Welt. Ihr Kerl will nicht so, wie sie will. Die Kinder sind zickig und widerspenstig. Ihr Chef ist ein Idiot. Das Geld ist knapp, die Rente wird nicht reichen, und draußen ist es ungemütlich. Gerüche, Geräusche und Gefühle von damals machen das Leben einer Frau erträglicher und geben ihr das Gefühl, eine Heimat zu haben. Sie wird diese Heimat gegen alle Widerstände verteidigen. Zum Beispiel an Geburtstagen, zu Ostern und am Heiligen Abend, wenn der Baum geschmückt wird. GENAU SO wie damals. Ein Mann sollte sich damit abfinden, dass der Weihnachtsbaum in den Farben und in dem Stil seiner Schwiegereltern geschmückt wird und nicht darüber diskutieren. Weil relativ bescheidene Nebensachen wie diese für Frauen nun einmal viel, viel wichtiger als für Männer sind.

41 | WARUM WILL SIE IMMER MITKOMMEN, WENN ICH AUSGEHE?

Das kann mehrere Gründe haben. Vielleicht möchte sie einfach mal wieder an der Seite ihres Mannes gesehen werden? Auch um allen anderen Frauen zu zeigen: Der gehört mir, Finger weg!? Oder sie sehnt sich danach, mal wieder die schicken Klamotten anzuziehen und auf der Piste unterwegs zu sein; alleine macht das nicht so viel Spaß.

Zur Partnerschaft gehört für Frauen sowieso, dass man etwas gemeinsam unternimmt: Das wäre ein weiterer Grund. Oder sie möchte ganz einfach, dass ihr Partner sich öffentlich zu ihr bekennt. Er soll sich mit ihr zeigen.

Es gibt aber auch Frauen, die unter einem gewissen Kontrollzwang leiden. Die mögen es nicht, wenn ihr Partner alleine ausgeht. Man weiß ja nie, was da alles passiert. Also möchten sie gern dabei sein. Sie möchten zum Beispiel sein Trinkverhalten kontrollieren und gegebenenfalls die Notbremse ziehen können nach dem Motto »Schatz, jetzt müssen wir aber«.

Leider gibt es viele Männer, die eine solche unwürdige und sicher auch ehrverletzende Kontrolle durch eigenes Fehlverhalten geradezu provozieren. Die müssen sich nicht wundern, wenn ihre Partnerin sie nur ungern alleine ausgehen lässt: Sie brauchen ja offenbar einen Aufpasser.

Unterm Strich ist es für eine Partnerschaft nicht gut, wenn keiner der beiden mal alleine ausgehen darf. Und bei den meisten, vor allem jüngeren Leuten ist das Thema auch gar nicht existent: Denn SIE hat IHN ja auch nicht so gerne dabei, wenn sie sich mit ihren Freundinnen trifft.

42 | WARUM LIEBT SIE IHR HAUSTIER SO SEHR?

Weil das Bedürfnis einer Frau nach Kuscheln und Zärtlichkeit niemals ganz befriedigt werden kann. Außer von Hund und Katz'. Das sind die einzigen Wesen, die auch nie genug davon kriegen. Kinder wollen irgendwann nicht mehr mit Mama kuscheln. Männer hassen die Kuschelei sowieso und haben lieber gleich Sex. Dem Hund mit dem weichen Fell kraulst du eine volle Stunde den Hals und wenn du aufhörst, stupst er dich an und sagt: Hey, warum ist schon Schluss? Genau wie die Frau! Tiere haben kein Zeitgefühl, und deshalb wird ihnen auch die Zeit niemals lang. Wenn gekuschelt wird, bleibt für Hunde, Katzen und Frauen die Uhr stehen.

Tiere haben noch mehr Eigenschaften, die Frauen lieben. Sie sind zum Beispiel derart treu, dass man nun wirklich keinen Grund zur Eifersucht hat. Sie sind unglaublich dankbar, was man vom Mann nicht immer behaupten kann. Sie sind absolut auf Frauchen fixiert und wollen gar nicht der Chef sein. Man kann sie ins Körbchen schicken und hat seine Ruhe. Und sie kriegen den Arsch hoch! Der Mann liegt auf dem Sofa und murrt, wenn er spazieren gehen soll. Der Hund pisst fast ins Wohnzimmer vor Freude, wenn sie mit der Leine kommt. Eigentlich sollte die Frau ihren Hund heiraten. Er ist der bessere Mann.

Und Katzen erst! Was für eine Seelenverwandtschaft! Katzen sind zickig so wie sie. Schmusig ohne Ende. Unergründlich, feminin. Schlau, elegant und selbstständig. Beweglich, geschmeidig und kleine Tiger. Der »Catwalk« ist nicht zufällig nach der Katze benannt. Und wenn sie die Krallen ausfahren, wow. So ist sie auch (bzw. so wäre sie gern).

Im Alter hat sie einen Vogel. Nicht zuletzt deshalb, weil man sich so gut mit ihm unterhalten kann! »Putzi-Schnucki, ja wo ist Frauchen denn?« »Piep!« »Ja genau! Du verstehst mich, gell?« »Piep!« »Nun trink doch mal!« »Piep.« »Nein, magst nicht trinken? Na, macht nix.« »Piep.« »Ja, wenn das unser Papa noch erlebt hätte.« »Piep-piep!« »Vermisst ihn auch, gell?« »Piep.«

Diese Frau ist tatsächlich fest davon überzeugt, dass sie sich soeben mit ihrem Vogel unterhalten hat. Frauen glauben sowieso, dass ihre Haustiere sie verstehen. Und das kann ja auch stimmen. Vielleicht nicht der Fisch im Aquarium (der in Sachen Sprachlosigkeit ja eher ihrem Partner ähnelt) – aber Hund und Katze schon.

Apropos. Alle Frauen haben ein »Sprach-Defizit«. Es wird zu wenig mit ihnen gesprochen. Das wird in diesem Buch an den verschiedensten Stellen erwähnt, aber man kann es nicht oft genug wiederholen. Die Frau spricht mit ihrem Tier, weil ihr sonst niemand zuhört. Sie redet sich ihren Kummer buchstäblich »von der Seele«, aber sie erzählt dem Tier auch das, was sie gerade freut. Natürlich würde sie sich lieber mit ihrem Mann als mit ihrem Hund unterhalten. Aber der Mann ist leider entweder schlecht gelaunt, oder er liest nebenbei die Zeitung, oder er hat Widerworte, oder er macht sich lustig, oder er ist nicht da. Auch das sind gute Gründe für eine Frau, das Haustier so zu lieben.

43 | WARUM GIBT SIE IHREM AUTO EINEN NAMEN?

Weil sie mit ihm spricht. Und irgendwie muss sie es ja anreden. Wenn eine Frau etwas liebt, dann personifiziert sie es und gibt ihm Streicheleinheiten. Es sprechen auch mehr Frauen als Männer mit ihren Pflanzen; deshalb kommt uns Prinz Charles ja so seltsam vor (der tut's bekanntlich auch).

Mit ihrem Auto verbindet die Frau eine ganze Reihe von längst vergangenen Geschichten, und sich hineinsetzen ist wie Blättern in einem Fotoalbum. Das Herzklopfen auf der Fahrt zum Rendevouz, der erste Kuss vor der Haustür, die Tränen am Steuer aus Liebeskummer, das Maskottchen am Rückspiegel, der Aufkleber – all das sind Romane, sind Teile von ihr.

Sie ist sowieso davon überzeugt, dass ihr Auto eine Seele hat. Wenn sie es starten will und außer einem »klack« bewegt sich nichts, dann streichelt sie das Armaturenbrett und sagt: »Komm, sei lieb, spring an.« Der Mann holt einen Hammer, macht die Motorhaube auf und schlägt einmal kräftig auf den Anlasser, was in neun von zehn Fällen zum gewünschten Erfolg führt. Nützt das nichts, versetzt er dem Auto einen Tritt und spricht es auch an, aber so: »Scheiß-Karre! Ich hätte dich schon längst verschrotten sollen.« Womit doch wieder einmal bewiesen wäre, dass Männer schlichtweg herzlos sind.

Die meisten Frauen geben ihrem Auto einen Namen, der mit »i« oder »chen« aufhört. Psychologen wie Prof. Neill Simon begründen das so: »Die Verkleinerungsform macht aus einem Gegenstand, der ursprünglich als eher bedrohlich empfunden wird, etwas Niedliches und Vertrautes. Auf jeden Fall muss man keine Angst mehr vor ihm haben. Indem Frauen ihren Autos niedliche Namen geben, nehmen sie sich gleichzeitig ein Stück Furcht vor der komplizierten Technik oder vor dem ungeliebten Einparkmanöver.« Häufige Autonamen, die uns genannt wurden: Bärchen, Laubi (vermutlich abgeleitet von Rostlaube), Beulchen, Beuli, Putzi, Schnuckel, Schnucki, Speedy, Rolly, Flitzi, Mausi, Rosti, Grufti, Schrotti, Homie, Hornie, Blümchen, Pauli, Fritzi und (ohne nachvollziehbare Begründung) Martin.

5. KAPITEL

DIE FRAU UND DER ALLTAG

44 | IST HAUSHALT WIRKLICH SO ANSTRENGEND?

Eine Mutter sagt: »Haushalt wird von allen, die keine Kinder haben, völlig unterschätzt. Haushalte, in denen mehrere Personen Dreck machen und Hunger haben, aber nur eine Person für Sauberkeit und Essen sorgt, sind eine Hammer-Aufgabe. Mit der Menge der zu fütternden und Chaos verbreitenden Menschen steigt der Druck auf die Hausfrau. Wer's nicht glaubt, möge sich meine drei und meinen Mann mal einen Tag ausleihen. Natürlich haben wir es heutzutage besser als die Frauen vor 100 Jahren, weil wir Waschmaschine, Trockner, Spülmaschine, Wegwerfwindeln, Tiefkühlkost und viele nette Dinge mehr haben. Dafür sind die Ansprüche der Männer und der Gesellschaft an die Hausfrau aber auch gestiegen. Alle sollen stets sauber, glatt gebügelt und auch noch modisch angezogen, das Essen soll abwechslungsreich und vollwertig sein, und die Bude muss nicht nur glänzen, sondern soll auch noch jahreszeitengemäß dekoriert sein. Und der Nachwuchs braucht, um schulisch und gesellschaftlich mithalten zu können, ein üppiges Freizeitprogramm mit Sport, Musik und Kreativem, zudem Hausaufgabenbetreuung und viiiiel frische Luft, sonst wird er nämlich blöd und faul und womöglich auch noch krank, und Mama ist schuld. Und bei all dem Putz-Koch-Kreativ-Organisations-Kinder-Programm sollte die Hausfrau von heute auch noch so nett aussehen wie das Mädel aus der Vorwerk-Werbung (»Ich ...? Ich leite ein kleines, äußerst erfolgreiches Familienunternehmen ...«). Nix Kittelschürze und Zottelfrisur! Was ich meine, ist: Haushalt ist das eine Problem. Aber die Ansprüche, die wir an uns stellen (lassen), die sind das andere Problem.«

Ganz gut beschrieben, nicht wahr? Diese Frau weiß, wovon sie spricht. Wie kommt es nur, dass Männer – wenn sie denn mal vorübergehend den Haushalt übernehmen – den Eindruck haben, das alles sei doch im Grunde nur ein Kinderspiel und mit links zu erledigen?

Mehrere Gründe. Womöglich erledigen sie nur das, was unbedingt gemacht werden muss, und übersehen die »zeitlosen«, aber trotzdem notwendigen Arbeiten wie Fenster putzen, Gardinen abnehmen, Keller aufräumen oder Staubsaugen mit Möbelwegrücken. Den Haushalt oberflächlich in Ordnung halten, ist ja nur ein Teil des Jobs. Hinzu kommt aber, dass Männer in vielen Bereichen tatsächlich zielstrebiger, rationeller und somit auch schneller arbeiten können als Frauen. Das kann man schon unter der Dusche beobachten: Erheblich mehr Männer als Frauen setzen die Seife ohne groß nachzudenken taktisch klug ein (Aufwärtsbewegung = Arm-Außenseite, Abwärtsbewegung = Arm-Innenseite usw.). Und mehr Frauen als Männer seifen sich mit kreisenden Bewegungen ein, was zwar lustvoller, aber längst nicht so rationell ist. Wenn Männer also gelegentlich behaupten, sie seien die besseren Hausfrauen, kann das durchaus stimmen. Nur sollten sie dann doch bitteschön auch Gebrauch von ihren Fähigkeiten machen.

45 | WIE VIEL ORDNUNG VERLANGT SIE VON MIR?

1.) Räume deine eigenen Sachen weg. 2.) Benimm dich so, als sei es dein Haushalt. 3.) Beseitige das von dir verursachte Chaos selbst. Würden Männer diese drei einfachen Regeln beherzigen, dann herrschte eitel Harmonie.

Zu 1.) Was das Hinterherräumen angeht, machen die meisten Männer so viel Arbeit wie ein zusätzliches Kind. Sie lassen grundsätzlich immer alles liegen. Obendrein leiden sie offensichtlich unter Hörstörungen, das heißt: Auf einfachen Zuruf reagieren sie überhaupt nicht. Auch nicht auf die zweite Ermahnung. Ungefähr beim zehnten Mal explodiert die Frau. Und dann heißt es: »Was regst du dich eigentlich auf? Nur wegen einer SOCKE?«

Zu 2.) Wenn man nicht blind ist, fällt einem ein voller Mülleimer von alleine auf. Oder die trockene Wäsche auf dem Balkon, wenn es zu regnen beginnt. Oder ein voller Aschenbecher. Oder ein ungemachtes Bett. Männer leiden aber nicht nur unter Hör-, sondern auch unter Sehstörungen. Nicht in ihrem Hobbykeller, nicht angesichts ihrer Werkzeugkiste, nicht in ihrem Auto. Wohl aber im Haushalt. Die Frau verlangt nichts weiter als ein wenig Mitdenken, Hinsehen und Eigeninitiative.

Zu 3.) Wenn Männer nun wirklich einmal etwas im Haushalt selbst machen, zum Beispiel für die Kinder kochen, dann fühlen sie sich großartig und erwarten jede Menge Lob. Leider vergessen sie, dass man nach dem Kochen auch wieder aufräumen muss! Wenn man mit fettigen Fingern Schranktüren und Klinken anfasst, müssen diese hinterher gereinigt werden. Spritzt man Tomatensauce an die Kacheln, muss man diese hinterher abwischen. Fallen Reste auf den Boden, muss man diese aufheben. Einem Mann hinterherräumen macht unter Umständen mehr Mühe, als wenn die Frau gleich alles selbst macht.

Viel Ordnung ist es nicht, die sie von ihm verlangt. Sie will keinen Pedanten. Aber sie will auch keinen Ignoranten.

Man sollte annehmen, dass jüngere Frauen das Problem mit der männlichen Unordnung nicht mehr so stark haben wie die Generation ihrer Mütter. Schließlich ist der Mann von heute ja partnerschaftlich ausgerichtet und hält die Frau nicht für seine Sklavin oder Putzfrau. Das aber ist ein Irrtum: Junge Frauen beklagen sich ebenso vehement über liegen gelassene Schmutzwäsche wie ältere. Geändert hat sich offenbar nur eins: In vielen Beziehungen von Leuten, die heute um die 30 sind, ist die Frau die absolute Chaotin und der Mann ganz eindeutig der Ordnungsliebendere. Was sicher auch daran liegt, dass heute mehr Frauen als früher voll berufstätig sind und abends einfach keine Lust mehr zum Aufräumen haben.

46 | WARUM MUSS ICH ZU HAUSE DIE SCHUHE AUSZIEHEN?

Es ist ja ganz angenehm, wenn man von der Arbeit heimkehrt und an die gestressten und übermüdeten Füße auch mal ein wenig Frischluft kommt. Insofern kann man getrost davon ausgehen, dass ein Mann nach getaner Arbeit sowieso die Schuhe ausziehen würde, in denen er den ganzen Tag herumgelaufen ist.

Egal, ob er nun hoch über der Baustelle acht Stunden in der Kanzel seines Krans gesessen, als Pastor vier Hochzeiten und einen Todesfall auf der Kanzel seiner Kirche oder als Nachwuchsanwalt vier Scheidungen in der Kanzlei seines Chefs abgearbeitet hat. Aber die Schuhe ausziehen MÜSSEN, das ist doch irgendwie was anderes als freiwillig die eigenen Schweißfüße lüften. Das klingt nach Entmännlichung, nach weiblichem Kontrollzwang und der zickigen Stimme, die da meckert: »Ich hab dir tausend Mal gesagt, du sollst die Schuhe ausziehen! Wann begreifst du es endlich?« Männer mögen das nicht. Obwohl sie den neuen weißen Teppichboden ja auch super finden und hoffen, dass er möglichst lange so schön weiß bleiben möge, wie er ist. Denn er war ja nicht ganz billig.

Man müsste einer Frau den ganzen Tag zuschauen, was sie so macht und wie sie sich müht, um das zu begreifen. Die Wohnung schön sauber zu halten, ihr Heim ganz »heimelig« zu gestalten und für einen gewissen Sauberkeitsstandard zu sorgen, das macht eine Menge Arbeit. Und es ist irgendwie frustrierend und blöd, wenn die ganze Arbeit in wenigen Minuten zunichte gemacht wird.

Sie hat nun vielleicht eine gute Stunde das Badezimmer geputzt, so dass man getrost in diesem Moment einen Werbespot für Meister Proper darin drehen könnte, und zwar für die Sequenz »nachher«. Strahlende Menschen mit zusammengekniffenen Augen, denn die Kacheln und der Boden glitzern wie Sommersonne mittags um zwölf. Der Meister aus dem Fernsehen würde zwinkern und seine Muskeln zeigen. Ja, sie hat jetzt ein echt sauberes Bad. Es ist Samstag, der Kerl arbeitet im Garten und legt gerade eine Pause ein. Mit schwerem Schritt betritt er die Wohnung. An seinen Stiefeln klumpt die Erde. Er will sich nun die Hände waschen. Es ist an den Fußspuren erkennbar, welchen Weg er nimmt. Irgendwie enden die Fußspuren im Bad. Dort lässt er Wasser ins Becken, schnappt sich die Seife, benutzt sie, spritzt die Kacheln voll, versaut das Becken, reibt den Rest der Gartenerde ins Handtuch und schlappt wieder davon (man sieht auch das an den Fußspuren), um sich im Flur die Stiefel auszuziehen. Wundert es irgendjemanden, dass die Frau in diesem Moment ausflippt?

Oder das neue Sofa. Es ist ja schön, die Beine hochzulegen, Chips in sich hineinzuschaufeln und dabei einen geilen Film zu gucken. Aber Chips haben leider die Angewohnheit, dass sie nur selten den direkten Weg aus der Tüte in den Mund finden. Circa 10 Prozent der Chipsmasse landen, statistisch betrachtet, auf dem Sofa. Durchaus nicht so, dass man sie lässig wieder wegbekommt. Sondern garantiert in Falten, Ecken, Winkeln. Dort hinterlassen sie ihre Spuren (Schokolade, Marzipan usw. hinterlassen noch schlimmere) und machen das Sofa, das man sich doch gemeinsam vom Mund abgespart hat, in kürzester Zeit zum dringend auszutauschenden Alt-Möbel. Genauso ist es nun auch mit dem Teppichboden.

Wer will von einem Dreijährigen, der eben noch Indianerhäuptling war, Rücksichtnahme auf Auslegeware verlangen? Deshalb fängt sie ihren Häuptling bereits an der Haustür ab und zieht ihm erst mal die Schuhe aus. Aber von ihrem Kerl erwartet sie wenigstens einen Hauch von Verständnis; schließlich ist er ja ein bisschen älter als drei Jahre. Man latscht nun mal nicht mit den dreckigen Stiefeln aus dem Garten über den weißen Teppichboden.

So weit die frauenfreundliche und sicher auch nachvollziehbare Antwort auf diese Frage. Wie so oft, gibt es aber auch in diesem Fall »sone und sone«. Also solche und solche. Manche Frauen haben einen Sauberkeitstick. Sie sind derart frustriert, dass sie ihren einzigen inneren Orgasmus angesichts eines schneeweißen Teppichbodens kriegen. Den hüten sie wie ihren Augapfel. Und zicken rum: »Ich hab's dir tausend Mal gesagt ...« Wer eine solche Frau zu Hause hat, der sollte mal über die Ursachen nachdenken. Möglicherweise wäre sie in Sachen Teppichboden viel entspannter, wenn sie ihren Orgasmus beim Sex kriegen könnte.

47 | WARUM MAG SIE KEINE STEHPINKLER?

Eigentlich ist das der Frau völlig egal. Ob ein Mann im Stehen oder im Sitzen pinkelt, interessiert sie gar nicht. Sie ist ja nicht dabei. Es geht nur um die Urinspritzer auf dem Beckenrand. Und um die Spritzer auf der schicken weißen Matte, die sie um das Klo herum drapiert hat. Oftmals steht auch noch irgendetwas direkt neben dem Klo, zum Beispiel die Waschmaschine oder die Wanne.

Sie hasst es nicht, dass er im Stehen pinkelt. Sondern sie hasst es, dass er wild in der Gegend herumspritzt. Vor allem nach Alkoholgenuss verlieren Männer gern ihre Zielgenauigkeit. Um bei dem Beispiel mit der Waschmaschine zu bleiben: Nun muss sie sich beim Putzen auch noch bücken und hängt mit dem Gesicht direkt über der Kloschüssel, um seine Urinspuren von der Waschmaschine abzuwischen. Das sind Momente, in denen eine Frau abkotzen möchte.

Das Problem ist also nicht die Frau, sondern das Pinkelverhalten des Mannes. Wenn er immer hübsch direkt ins Wasserloch pinkelt und danach mit Klopapier über den Beckenrand wischt, dann kann er weiterhin im Stehen pinkeln. Nur am Rande sei erwähnt, dass der Zwang zum Sitzpinkeln auch ein Mittel zur Unterdrückung der männlichen Pinkelfreiheit sein kann, von herrschsüchtigen Frauen also bewusst als Instrument zur Drangsalierung und Bevormundung des Mannes eingesetzt wird. Das trifft auf Frauen zu, die auch sonst an ihrem Mann ständig herumkritisieren und immer etwas zu nörgeln haben.

48 | WAS IST SO TOLL AN LIEBESROMANEN UND SOAPS?

Romane liebt sie, weil sie sich mit der Heldin identifizieren kann und insgeheim ahnt, dass ihr eigenes Leben weit unter Wert verläuft. Ist sie nicht auch zu Höherem berufen? Steckt nicht ein Aschenputtel in ihr, das eigentlich Prinzessin werden sollte? Das wahre Leben ist oftmals fies und gemein. Und es ist nicht gesagt, dass es ein Happyend geben wird. Darum träumt sie von einem besseren Schicksal, kämpft, liebt, lacht und leidet mit ihrer Heldin und begleitet sie allzu gern durch Höhen und Tiefen. Sie weiß ja: Am Ende kriegt sie ihren Traumprinzen, und alles wird gut. Träumen ist erlaubt. Und gleich kann sie weiterträumen, deshalb liest sie ihre Romane am liebsten vorm Einschlafen im Bett.

Nachmittags und am frühen Abend guckt sie mit Leidenschaft Soaps im Fernsehen. Anders als beim Liebesroman wird sie in ihrer Lieblingssoap nicht in eine Traumwelt entführt. Sondern hier erlebt sie ihre eigene Realität und freut sich, dass andere Leute offenbar ähnliche Probleme haben wie sie. Ehestreit und Familienkrach, Kinder in der Pubertät und Fremdgehen, Schulden, schnarchende Ehemänner und heimtückische falsche Freundinnen: All das kennt sie ja selbst und es beruhigt ungemein, mit solch widrigen Dingen nicht alleine dazustehen. Die Botschaft einer guten Soap besteht aus fünf Worten: »Du bist nicht die Einzige.« Am liebsten würde sie direkt eingreifen: »Also dem würde ich ja was erzählen!« »So eine Schlampe!« »Das gäb's bei mir aber nicht!«

Da werden erwachsene Frauen zu kleinen Mädchen im Kaspertheater, die lautstark mitspielen: »Pass auf, Kasper! Hinter dir, das Krokodil! Nein, nicht da! In der anderen Ecke!« Die Identifizierung mit der geliebten Soap kann so weit gehen, dass die Grenze zur Realität verschwimmt. Da hört man denn schon mal zwei Frauen im Supermarkt über eine dritte lästern: »Die Petra geht fremd, das gibt es doch nicht! Die hat tatsächlich was mit dem Mann ihrer Schwester angefangen!« Das klingt manchmal so real, als wenn es sich um eine Freundin aus dem Kegelverein handelt. Dabei passierte es gestern auf RTL oder im Ersten.

Jede Frau vergleicht sich gern mit anderen Frauen; man kennt das aus dem Märchen von Schneewittchen. Ist eine schöner als sie (oder reicher oder mit einem Traummann gesegnet oder sonstwie bevorteilt), so hebt das ihre eigene Stimmung nicht unbedingt. Trifft sie aber auf eine Frau, auf die sie herabschauen kann, dann geht's ihr gleich viel besser. Das erklärt den Erfolg der vielen geschmacklich doch stark umstrittenen Nachmittags-Talkrunden mit so spannenden Themen wie »Nimm endlich ab, ich kann dich nicht mehr sehen.« Vielleicht hat die Frau gestern noch unter ihren paar Pfund zu viel gelitten: Was sie da im TV zu sehen bekommt, kann ihr Leid sofort lindern. Für die Frau hat der Fernseher deshalb dieselbe Funktion wie der Spiegel im Märchen für die böse Königin. Er verrät ihr, wo sie gerade steht und ob sie sich Sorgen machen muss.

49 | WARUM LIEST SIE TRAUERANZEIGEN, ABER NICHTS ÜBER POLITIK?

Die Seite mit den Familienanzeigen gehört für Frauen zum Ersten, was sie aufschlagen. Er will wissen, was über seinen Verein in der Zeitung steht. Sie will wissen, wer geheiratet hat – und vor allem, wer gestorben ist.

Sie schaut, wie lange die Menschen gelebt haben. Ist der liebe Verstorbene schon über 70, so geht ihr das nicht weiter nahe. Ist aber ein junger Mensch dabei, so ist es Balsam für ihren typisch weiblichen Drang, mit jemandem Mitleid zu haben. Ihr schießen schon die Tränen in die Augen, wenn sie nur aufs Geburtsdatum schaut. »Oh, wie schrecklich!« Obwohl sie den armen Verstorbenen überhaupt nicht kannte.

Zum Zweiten liest sie gerne Traueranzeigen, weil ja ein Bekannter dabei sein könnte. Oder der Bekannte einer Bekannten. Da kommt das typisch weibliche Klatsch- und Tratsch-Bedürfnis zum Tragen, das jeder Frau innewohnt.

Frauen sind grundsätzlich an menschlichen Dramen äußerst interessiert – sofern sie nachvollziehbar sind. Katastrophen wie der 11. September oder der Tsunami Ende 2004 sind nachvollziehbar für eine Frau. »O wie schrecklich.« Sie kann sich genau hineinversetzen in die furchtbare Situation einer anderen Frau, die mit einem Foto des vermissten Verlobten durch die zerstörten Straßen von New York läuft oder die als Touristin unter Tausenden von Leichen ihre vermissten Kinder sucht. Das geht ihr wirklich nahe und macht ihr auch die Zerbrechlichkeit ihrer eigenen heilen Welt bewusst.

Ganz anders ist es mit »abstrakten« Dramen, von denen keine persönlichen Einzelschicksale zu uns dringen. Im Kongo oder anderswo können Hunderttausende Frauen und Kinder abgeschlachtet werden, und es ist bei uns kein Thema in irgendeiner Frauenrunde. Es kann sogar in der Tagesschau darüber berichtet werden: Emotional ist es zu weit weg, und sie schieben es beiseite.

Alle Frauen lieben hingegen kleine dramatische Romane. Fehlende Fakten ersetzen sie dabei durch ihre Phantasie. Außerdem kombinieren sie sich so einiges zusammen. Und natürlich steckt hinter jeder

Traueranzeige ein kleiner dramatischer Roman – man muss sie nur zu lesen wissen. So schließt eine Frau aus den Namen der Unterzeichner sofort auf die Familienverhältnisse. Jetzt weiß sie schon mal, wie viele Kinder der Verstorbene hatte. Wenn es eine zweite Anzeige mit den Namen weiterer Angehöriger gibt, dann ist die Familie mit hoher Wahrscheinlichkeit zerstritten. Die Anzeige des Arbeitgebers bringt weitere Details, ebenso wie die Adresse des Trauerhauses, der manchmal vorhandene »Statt Blumen wird gebeten um«-Spendenaufruf oder auch ein rätselhafter Satz wie »Die Beerdigung hat in aller Stille stattgefunden.« Huuu, wie gruselig! Einfach so verscharrt, vielleicht bei Nacht und Nebel? Was mag da wohl dahinterstecken? Der weiblichen Lust am Kombinieren sind keine Grenzen gesetzt, und in ihrem Gehirn entsteht ein kleiner, hochspannender Familienroman.

Die Seiten mit Politik blättert sie vielleicht nur durch und bleibt mal hier hängen und mal da. Wenn jemand Kitas zum Nulltarif fordert, findet sie das gut. Aber ansonsten ...

Dabei gibt es durchaus Frauen, die sich für Politik interessieren (eine davon ist bei Erscheinen dieses Buches Bundeskanzlerin). Aber warum nicht alle? Zunächst einmal: Frauen finden Politiker spannender als Politik. Jede Frau weiß, dass Guido Westerwelle bekennender Homosexueller ist und seit Weihnachten 2005 sogar einen Verlobungsring trägt. Dramatisch weniger Frauen wissen, für welche Politik die FDP gerade steht (natürlich gibt es auch viele Männer, die das nicht wissen).

Jede Frau weiß, dass an der Geschichte »Ich bin Hausfrau, Mutter und liebende Gattin und habe sieben glückliche Kinder, aber ich bin auch noch eine erfolgreiche Familienministerin« irgendetwas nicht stimmen kann. Dramatisch weniger Frauen können aufzählen, welche Familienpolitik unsere Bundesregierung vertritt. Was unseren vorigen Bundeskanzler anging, so wusste jede Frau die Zahl seiner Ehen. Bemerkenswert weniger wussten, was er uns eigentlich politisch sagen wollte.

Wären unsere Politiker klug beraten, so würden sie mit positiven, glaubhaften, nachvollziehbaren Geschichten auf weiblichen Wählerfang gehen und ihre Politik wie das Würstchen im Hot Dog verkaufen. Natürlich kauft man einen Hot Dog wegen des Würstchens. Aber zum »Anfassen« hat man das appetitliche Brötchen.

Es wäre vermutlich auch empfehlenswert, wenn sich unsere Politiker mehr von Frauen beraten lassen würden. Stattdessen wird ihre Imagepflege von Männern gemacht. Entsprechend schlecht ist das Image der Politiker.

Stellen Sie sich Politik als eine Reise mit dem Zug vor. Es soll von A nach B gehen, und die Politiker werben um Fahrgäste. Frauen sind skeptischer als Männer. Sie steigen gar nicht erst ein in den Zug, wenn sie weder den Sinn der Reise noch deren Route begreifen und den Lokführer sowieso nicht kennen. Männer setzen sich ins Abteil, schlagen den Atlas auf und diskutieren, ob man nach dem nächsten Bahnhof nicht doch lieber nach links abbiegen sollte. Und wenn der Zug auf freier Strecke stehen bleibt, dann haben sie es schon längst gewusst. Es hat nur keiner auf sie gehört.

Dass sich viele Frauen nicht so für Politik interessieren, liegt zum Teil wirklich an den Männern. Frauen haben manchmal das Gefühl, dass sich ihre Sachkenntnis ohnehin nur aufs Windelnwickeln beschränken soll und alles, was Politik betrifft, für sie eine Nummer zu groß ist. Deshalb lassen sie lieber gleich die Finger davon. Leider verstehen es nur wenige Männer, ihre Frauen politisch zu motivieren. Die meisten Männer verwechseln Motivation mit besserwisserischer Belehrung – und wundern sich dann, wenn ihre Frauen irgendwann die Politik in der Zeitung überblättern und gleich nach den Traueranzeigen suchen.

50 | WARUM TRAUT SIE MIR KEINEN GESCHMACK ZU?

ER greift morgens noch halb schlaftrunken in den Schrank und nimmt immer das, was oben liegt. SIE hätte gern einen Mann, der erst einmal überlegt, was zusammenpasst. Tatsächlich sind die meisten Männer ihren Frauen in Sachen Geschmack unterlegen. Sie sind einfach nicht so gut im Schmücken, Dekorieren und Farbtöne koordinieren. Sie hat einfach mehr Sinn für Details, für interessante Kombinationen, fürs »Schöne«. Der Mann hat seine Lieblingssachen. Das ganz besonders angenehme Hemd, den Schlips, der scheinbar zu allem passt, das Jackett von gestern (»Morgen kann ich immer noch ein anderes anziehen«) und die bequemsten Schuhe. So würde er losgehen. »Unmöglich«, sagt die Frau. »Das passt doch gar nicht zusammen.« Stimmt! Aber es ist bequem.

Bequem ist kein Argument für die Frau. Schließlich quält sie sich täglich auch mit Sachen herum, die überhaupt nicht bequem sind. Aber dafür sehen sie toll aus. Sie zwängt sich in viel zu enge Klamotten. Sie läuft mit Absätzen durch die Gegend, die eindeutig nicht zum Gehen gedacht sind. Sie zwängt ihre Brüste ein, damit sie besser aussehen und kriegt kaum noch Luft. Und sie möchte natürlich, dass der Mann an ihrer Seite auch ein bisschen nett aussieht. Wenn es sein muss, auf Kosten der Bequemlichkeit.

Hinzu kommt, dass Männer wirklich unzumutbar verbissen an ihren Lieblingssachen hängen. Das schönste Hemd kommt irgendwann aus der Mode, auch wenn die tollsten Erinnerungen daran hängen. Der kuscheligste Pullover riecht irgendwann nur noch nach Müllhalde. Und irgendwann sind die Lieblingsschuhe eines Mannes derart ausgelatscht, dass sogar der Schuster weint. Vielen Männern ist das egal. Frauen nicht. Deshalb gilt die Regel: Sobald eine Frau beschlossen hat, für längere Zeit bei einem Mann zu bleiben, mistet sie erst einmal seinen Kleiderschrank aus. Und dann berät sie ihn in Modefragen. Das ist keine Bevormundung, sondern ein Liebesbeweis! (Aus Frauensicht jedenfalls.)

Ganz nebenbei könnte man noch darüber nachdenken, ob die Frau als solche mit der männlichen Modeberatung vielleicht einige selbstsüchtige Motive verfolgt. Schließlich kauft sie sich selbst ja gar zu gern neue Sachen. Und es wäre doch irgendwie blöd, wenn der überwiegende Teil des Klamotten-Etats für sie draufginge. Da könnte sie ja fast ein schlechtes Gewissen kriegen! Aber wenn er sich was Schickes zum Anziehen gönnt (egal, ob freiwillig oder unter sanftem Druck), dann darf sie doch auch was Edles haben, oder? Und schon halbiert sich der gefühlte Preis ihrer nagelneuen Pumps.

51 | WAS BRINGT SIE IM ALLTAG AUF DIE PALME?

Seine Humorlosigkeit – weil sie viel mit ihm lachen möchte. Seine Intoleranz – weil sie es überhaupt nicht leiden kann, wenn er sich immer durchsetzen muss. Seine Besserwisserei – weil sie es hasst, wie ein kleines Kind behandelt zu werden. Seine Unaufmerksamkeit – weil sie wichtig genommen werden möchte. Sein Egoismus, auch und gerade beim Sex – weil sie sich ungern als Mensch zweiter Klasse fühlt. Seine Unart, sie vor anderen Leuten klein zu machen – weil sie das illoyal und gemein findet. Seine Vorwürfe – weil sie die für übertrieben und unnötig hält. Seine Trinkerei – weil sie dann vor ihm die Achtung verliert. Seine mangelnde Körperpflege – weil sie einen attraktiven, appetitlichen Partner haben möchte. Seine Unordnung – weil sie einen Partner will und kein zusätzliches Kind. Seine Unart, alles für selbstverständlich zu halten – weil sie sich nicht als Angestellte fühlen möchte. Seine Faulheit, wenn es um die Familie geht – weil sie auch mal raus möchte und ihren eigenen Freiraum braucht. Seine Fernsehsucht – weil sie viel lieber mit ihm reden möchte. Sein ewiges Schweigen – weil sie sich sonst wie ein Möbelstück fühlt.

In dieser Aufzählung sind die wesentlichen Gründe dafür enthalten, dass sich so viele Frauen von ihren Männern trennen (abgesehen von logischen Gründen wie Fremdgehen, Gewalt usw.). Als Mann könnte man anhand dieses Kapitels also einen kritischen Selbsttest machen und sich überlegen, wo man eventuell nachbessern müsste. Man könnte auch die eigene Frau fragen, bei welchen der genannten Gründe sie heftig genickt hat. Es könnte sich daraus ein spannendes Gespräch ergeben, dessen Ausgang allerdings ungewiss ist. Der Mann wäre nämlich gezwungen, sich einmal mit den Augen der Frau zu sehen. »Die meisten Uneinigkeiten beruhen auf Missverständnissen oder dem Versagen, die Sichtweise des anderen zu verstehen.«[7]

7 *Heather Mills McCartney*

52 | WARUM TELEFONIERT SIE IMMER SO LANGE?

Weil Telefonieren ein besonders frauenfreundliches Kommunikationsmittel ist. Sie kann sich unterhalten, was sie sowieso am liebsten den ganzen Tag tun würde, aber dabei kann sie gleichzeitig noch etwas anderes erledigen und muss sich nicht einmal erst aufhübschen und aus dem Haus gehen. Wenn sie nicht alleine ist, braucht sie trotzdem nicht zu flüstern, weil sie ja beim Telefonieren den Raum wechseln kann. Was ihr erzählt wird, hört ohnehin keiner mit. Sie kann sich ganz nach Belieben öffnen oder bestimmte Gefühle weglassen, denn niemand kann ihre Körpersprache deuten und in ihre Augen sehen, wenn sie etwas verschweigt.

Ein Mann benutzt das Telefon ausschließlich zur Nachrichtenübermittlung (»Ich fahr gleich los, tschüs« ist aus Männersicht schon ein längeres Gespräch). Eine Frau benutzt das Telefon wie eine Theaterbühne, auf der sie unsichtbar bleiben kann und trotzdem die Hauptrolle spielt. Sie kann sogar endlos lange mit ihrer besten Freundin telefonieren, wenn sie die unmittelbar nach dem Auflegen persönlich treffen wird! Aus weiblicher Sicht ergibt das Sinn: So hat man das Wesentliche schon vorab besprochen und kann sich auf das ganz besonders Wesentliche konzentrieren, wenn man sich gegenübersitzt.

Es gibt nur eins, was eine Frau vom Telefonieren abhalten kann. Das ist ein leerer Akku.

53 | KANN SIE WIRKLICH NICHT AUTO FAHREN?

Vorurteile sind zäh. Wenn eine Frau trotz vieler Bemühungen an einer Parklücke scheitert, fühlen sich sämtliche Männer bestätigt: Frauen können das eben nicht! Parkt jedoch ein Mann schlecht ein, schauen sie gar nicht erst hin, oder sie halten ihn für eine missliche Ausnahme, oder die Parklücke war eben zu eng. Das ist natürlich ungerecht. Offenbar gibt es sogar sehr viele Frauen, die wie 'ne Eins in jede Parklücke kommen (bei den Umfragen zu diesem Buch behauptete das jede zweite von sich) und auch sonst absolut fit am Steuer sind.

Die anderen haben entweder motorische Schwierigkeiten mit links und rechts, kurbeln also gern mal in die falsche Richtung. Oder sie haben extrem viel Angst um ihr Auto, weil sie mit diesem eine tiefe seelische Beziehung, ja fast schon ein Liebesverhältnis verbindet und ihnen jeder Kratzer Schmerzen verursacht – ganz so, als habe sich ihr eigenes Kind verletzt. Oder sie sind zu klein, um beim Einparken den nötigen Überblick zu haben. Oder sie werden regelmäßig nervös, weil sie sich beobachtet fühlen, werden hektisch und machen deshalb Einparkfehler – obwohl sie es eigentlich viel besser können.

Gerade der letzte Punkt ist typisch für die Gesamtsituation der Frau. Ständig ist sie bemüht, den vielen männlichen Vorurteilen den Wind aus den Segeln zu nehmen. Dabei verliert sie ihre Gelassenheit – um am Ende genau diesen Vorurteilen zu entsprechen. Hier ein weiteres Beispiel. »Sei nicht so hysterisch« ist ein Männer-Satz, der Frauen auf die Palme bringt und wütend macht. Wer wütend ist, wird laut. Und schon entspricht sie dem Vorurteil: »Siehst du, ich sag's doch! Jetzt schreist du mich auch noch hysterisch an.« Wer ist also schuld, wenn Frauen nicht einparken können? Die Männer.

54 | WARUM REDET SIE IMMER ÜBER TAUSEND THEMEN GLEICHZEITIG?

Das Gehirn einer Frau besteht aus vielen Schubladen, in denen alles Mögliche einsortiert ist. Sie greift mal in diese hinein und mal in jene. Deshalb springt sie unversehens von einem Thema zum anderen. Sie unterhält sich zum Beispiel über Politik und sagt ganz unvermittelt: »Ach übrigens, deine Mutter hat angerufen.« Oder man erzählt ihr etwas Spannendes aus der Firma, und sie wirft ein: »Das Kind schreibt morgen eine Mathearbeit.« Eine Frau ist es gewohnt, vielgleisig zu denken. Nur mit dieser Fähigkeit kriegt sie zum Beispiel ihren Haushalt in den Griff: Beim Staubsaugen geht sie den Einkaufszettel durch, beim Kochen macht sie Pläne fürs Wochenende, und bei schlechtem Sex denkt sie vielleicht an die Bügelwäsche.

Ein weiterer Grund, warum sie immer so viele Themen gleichzeitig anschneidet: Sie kommt ungern auf den Punkt. Bevor sie konkret sagt, was sie stört, redet sie lieber um den heißen Brei herum. So wird aus einem kleinen Vorwurf rasch eine ganze Lawine, noch bevor man sich gegen den einen verteidigen konnte! Es fällt ihr auch schwer, sachbezogen zu argumentieren. Oft bricht dann der ganze angestaute Frust aus ihr heraus und man weiß gar nicht mehr, worum es ihr eigentlich ursprünglich ging.

Drittens liegt fast jeder Frau das Herz auf der Zunge. Sobald ihr etwas durch den Kopf schießt, will sie es loswerden. Männer hingegen erzählen erst die eine Geschichte umständlich zu Ende, machen eine lange Pause, denken eine Weile nach und schneiden dann das nächste Thema an. Das ist möglicherweise effektiver. Aber es ist garantiert nicht so lustig wie die vollkommen unsortierte Plauderei einer Frau!

55 | WARUM LÄSST SIE MICH SO UNGERN AUS DEM BETT?

Männer werden es nie begreifen. Kaum klingelt der Wecker, kuschelt sie sich an. »Nur noch fünf Minuten! Nimm mich in den Arm!« Dabei klingelt's ohnehin schon auf den letzten Drücker, und jetzt geht es um Minuten. Nun – jede Frau weiß, wie viele Gefahren da draußen auf ihren Mann lauern. Sie möchte ihm noch etwas mitgeben für den langen Tag. Eine letzte Zärtlichkeit, eine letzte Umarmung. Das Kuscheln nach dem Weckerklingeln ist eine Botschaft, so wie der Zettel mit dem gemalten Herzchen in der Brötchendose: »Denk an mich!« oder »Vergiss mich nicht!« Es gibt aber auch viele Frauen, die ein kleines Machtspiel daraus machen, so nach dem Motto: Was wird ihm wohl wichtiger sein – die Firma oder ich? Schaffe ich es, ihn noch einen Moment im Bett zu halten – oder bin ich ihm ganz egal?

Wie auch immer, es gibt ein gutes Gegenmittel: Einfach den Wecker früher klingeln lassen. Damit man noch Zeit zum Kuscheln hat!

56 | WARUM WILL SIE MEINE MITESSER AUSDRÜCKEN?

Zwei Themen, die nur scheinbar nicht zusammenpassen. Aber Frauen wissen schon, was gemeint ist: Der Hang zum Bemuttern – und der Drang, den geliebten Mann vor schlechtem Einfluss zu bewahren.

An dem, was sie liebt, kratzt und pult die Frau nur allzu gern herum. Sie bietet sich zum Beispiel an, ihm seine Brille zu putzen, sie zupft hier und ordnet dort, entdeckt eine Schuppe oder ein Staubkörnchen. Und – ja – sie macht sich auch gern an den kleinen Unreinheiten der Haut zu schaffen.

Man muss nur die Frau und ihre Blumen beobachten, die sie ja fast ebenso sehr liebt wie ihren Mann. Auch da hat sie ständig etwas zu ordnen, zu richten und zu zupfen. Oder man sucht die Erklärung im nächsten Zoo, wo die Affenmama stundenlang und inbrünstig ihre Jungen laust. Man spricht ja nicht zufällig von »Affenliebe«.

Mit seinen Kumpels ist es nun so: Sie halten ihn von seiner Familie fern, verleiten ihn zum Saufen und sind sowieso schlechter erzogen als er. Darum sieht sie es nicht so gern, wenn er ständig mit denen abhängt. Einen guten Einfluss üben sie bestimmt nicht auf ihn aus!

Frauen sagen oft etwas anderes als das, was sie denken. Sie können dann sehr ungerecht werden. Zum Beispiel: »Als unser Kind die Blinddarmentzündung hatte, musste ich es alleine in die Klinik bringen. Aber wenn dein Kumpel in Frankreich mit Motorschaden liegen bleibt, dann nimmst du dir einen Tag Urlaub und holst ihn ab.« Hier vergleicht die Frau vermutlich Äpfel mit Birnen. Womöglich war der Mann am Tag der Blinddarmentzündung überhaupt nicht in der Lage, sich um das Kind zu kümmern. Außerdem war ja vermutlich alles bestens geregelt; er sah deshalb überhaupt keinen Grund zum Eingreifen. Und hatte sie damals nicht sogar gesagt: »Du musst dir keine Sorgen machen, Schatz. Ich habe alles im Griff!«? Am Tag des Motorschadens war in der Firma nicht viel zu tun, er musste sowieso noch Resturlaub nehmen und Überstunden abbummeln, und der Kumpel befand sich in einer echten Notlage.

Natürlich wäre die Frau imstande, diese Fakten ebenfalls so nüchtern zu sehen. Aber das tut sie nicht. Sie sucht einen Umweg, um ihrem

Mann zu signalisieren: Du kümmerst dich insgesamt viel zu wenig um uns und vor allem um mich! Da kommt ihr der Motorschaden in Frankreich gerade recht. Und sie wird wahrscheinlich keine Gelegenheit auslassen, um ihn zu erwähnen.

Einer der größten männlichen Fehler ist, die Frau beim Wort zu nehmen. Frauen meinen meist etwas ganz anderes als das, was sie gerade sagen. Das gilt vor allem für Vorwürfe, die sie den Männern machen. Kluge Männer fragen sich deshalb immer wieder: »Welche Botschaft will sie mir gerade vermitteln?« und ignorieren so hinkende Vergleiche wie den von Blinddarmentzündung und Motorschaden.

Die meisten Männer machen sich tatsächlich die vergebliche Mühe, mit zahlreichen Fakten die Schwächen der weiblichen Argumentation aufzudecken. Sie ahnen nicht, dass es im Grunde um ganz etwas anderes geht. Haben sie dann am Ende alles zerpflückt und widerlegt, ernten sie keineswegs Zustimmung. Sondern nur das typisch weibliche »Ja, aber trotzdem«.

57 | WARUM GUCKT SIE NICHT GERN FUSSBALL?

Frauen sind nicht so fanatisch wie Männer. Es ist ihnen herzlich egal, wer gewinnt. Ein hübscher Männerhintern ist für sie viel wichtiger als ein genau ins Eck gezirkelter Elfer. Frauen sind obendrein durchaus in der Lage, sich mit einem fremden Land über dessen Sieg zu freuen. Man denke nur an den griechischen EM-Sieg. Griechenland! Urlaub! Sonne! Wein! Der hübsche Kellner im Lokal in dem kleinen Fischerhafen! Angesichts dieser Assoziationen ist es völlig egal, dass die Deutschen verloren haben. Weibliche Sympathie überwindet nicht nur Vereins-, sondern auch Ländergrenzen.

Fußball hat klare Regeln. Männer lieben klare Regeln. Frauen jedoch finden klare Regeln langweilig. Es gibt beim Fußball kaum Spielraum für eine Kür wie zum Beispiel beim Eiskunstlauf. Abseits ist abseits, oder es war eben nicht abseits. Ein Tor ist ein Tor ist ein Tor. Das Runde muss ins Eckige. All das finden die meisten Frauen zum Gähnen langweilig.

Besonders ätzend finden Frauen Männer, die den Fußball der Familie vorziehen. Endlich einmal schönes Wetter! Wochenende! Man könnte einen Ausflug machen oder sonst irgendwas! Die Kinder haben doch so wenig von ihrem Vater! Aber was macht der? Er strapaziert die Toleranz seiner Frau bis zum Äußersten. Klemmt mit dem Hintern im Fernsehsessel, hält die Fernbedienung wie eine Knarre in der Hand, pflegt seinen Bierbauch, sieht überhaupt nicht appetitlich aus, hat vielleicht noch seine grässlichsten Kumpels eingeladen und erwartet auch noch, dass SIE in der Küche Schnittchen macht. Fragt sie dann beim Servieren freundlich: »Wie sieht's denn aus, wie steht's?«, dann wird sie angemotzt nach dem Motto »Was verstehst du denn davon«. Das Schlimmste: So ein Spiel dauert ja keinesfalls nur 90 Minuten! Entweder hat sein Verein verloren, dann ist die Stimmung für Stunden im Eimer. Oder sein Verein hat gewonnen, dann muss natürlich weiter gefeiert werden. Danach guckt er dann die Sportschau. PS: Natürlich gibt es auch Frauen, die ebenso fußballbegeistert sind wie ihre Männer. Für die stellt sich das Problem nicht.

58 | VERSÜSST EIN KLEINES GESCHENK IHREN ALLTAG?

Es hat noch keine Frau gesagt: Höre bitte damit auf, mir ständig etwas mitzubringen. Kleine Geschenke erhalten nicht nur die Freundschaft, sondern sie sind auch ein Liebesbeweis. Aber das Schenken darf auf keinen Fall ein festes Ritual werden. Jeden Freitag mit roten Rosen kommen und das vielleicht über 15 Jahre, das kommt bei keiner Frau gut an. Wichtiger als Zwischendurch-Geschenke ist den meisten Frauen übrigens, dass sich der Mann hin und wieder mal tagsüber bei ihr meldet. Die Frau denkt nämlich oft an ihren Mann. Andererseits befürchtet sie (nicht zu Unrecht), dass er bei der Arbeit so gut wie überhaupt nicht an sie denkt. Das enttäuscht sie unter Umständen mehr, als wenn sieben Jahre lang kein einziges Zwischendurch-Geschenk auf dem Küchentisch gelegen hat. Übrigens: Wenn SIE so wie fast alle Frauen gern mal in ein Musical geht und ER so wie fast alle Männer Musicals nicht ausstehen kann, wären zwei Karten als Zwischendurch-Geschenk ein super Tipp. Sie kann ja ihre Freundin mitnehmen!

Es gibt auch kleine Geschenke, die gar nichts kosten. Wenn er mal überraschend für sie kocht. Wenn er von selbst und ohne Aufforderung den Müll runterträgt. Wenn er ihr mal einen ganzen Tag die Kinder abnimmt. Wenn er ihr die Schlüssel für sein Auto überlässt. Wenn er daran denkt, ihre Lieblingssendung aufzuzeichnen. Aber am schönsten ist doch für die meisten Frauen der kleine unerwartete Anruf: »I just call to say I love you ...«

59 | WARUM TANZT SIE EIGENTLICH SO GERNE?

Mit leuchtenden Augen erzählt sie vom letzten – und mit klopfendem Herzen freut sie sich aufs nächste Mal. Allein die Frage, was sie wohl anziehen wird, beschäftigt sie tagelang; dann geht sie vorsichtshalber doch lieber noch mal shoppen. Sie kann einen Mann nur deshalb lieben, weil er mit ihr tanzen geht. Und wie könnte ein Mann das noch toppen? Indem er auch so gerne tanzt wie sie.

Aber so ein unverschämtes Glück hat kaum eine Frau. Während sie den Verstand ausschaltet und ihr ganzes Ich auf die Tanzfläche trägt – sie tanzt mit dem Herzen, mit den Eierstöcken, mit der Seele, mit der Sehnsucht, mit den Träumen und mit allen Gefühlen, derer sie jemals fähig war –, stehen die Männer an der Bar und füllen sich bedächtig ab. Hin und wieder halten sie Ausschau nach ihren Begleiterinnen, damit die es nicht zu toll treiben. Dann wenden sie sich wieder ihrem Glas zu und erinnern irgendwie an alte ausgelaugte Ackergäule an der Tränke: Stehen, gucken, trinken. Trinken, gucken, stehen.

Die Frau als solche ist ein gehemmtes Wesen, aber auf der Tanzfläche fallen alle Hemmungen von ihr ab. Tanzen ist für sie die ultimative Befreiung aus allen Zwängen, pure Erotik, sprudelnde Energiequelle und größtmöglicher Ausdruck gesteigerter Lebenslust. Eine süchtig machende Droge, die auch noch Kalorien verbrennt und das Selbstbewusstsein stärkt. Und all das beinahe gratis – sieht man mal von seinen teuren Drinks am Tresen ab (und von den neuen Klamotten natürlich, die sie für diesen Abend unbedingt haben musste).

In so einer Nacht träumt die Frau von einem warmen Land mit ewigem Frühling. Irgendwo da unten im Süden, wo sie schon mal im Urlaub war. Wo selbst mehrfache Mamas ihre dicken Hintern auf die Tanzfläche wuchten, trotz ihrer Leibesfülle unglaublich erotisch wirken und Lebensfreude nicht auf wenige durchtanzte Nächte im Jahr beschränkt bleibt. Und wo alle Männer so gerne tanzen wie sie, statt eifersüchtig vom Tresen herüberzuglotzen.

60 | WARUM WILL SIE IMMERZU VON MEINEM TELLERCHEN ESSEN?

Wieder einmal hat sie auffallend lange über der Speisekarte gegrübelt und sich endlich schweren Herzens gegen irgendetwas entschieden, was zum Wohlwollen der Bedienung ja auch eine Entscheidung für irgendetwas bedeutet. Am liebsten hätte sie ja das genommen, was er nimmt, aber »zwei Mal Sahnegeschnetzeltes« findet sie langweilig. Seinen Vorschlag, dass er etwas anderes ordern könnte (nur damit es mal weitergeht), lehnt sie entrüstet ab. »Nein nein, das Sahnegeschnetzelte isst du doch so gern! Dann nehme ich heute eben mal …«

Zwischenruf. An dieser Stelle müsste man einen Cut machen und sich den Dialog noch einmal anhören. Wieso, zum Teufel, bestellt sie nicht das, worauf sie Appetit hat? Was ist langweilig an »zwei Mal Sahnegeschnetzeltes«? Frauen (mal im Vertrauen gesagt) nutzen selbst die bescheuertste Gelegenheit, um sich als hingebungsvolles Opferlamm zu präsentieren. Im Grunde hat sie ihm eins ausgewischt und ganz gerissen ein schlechtes Gewissen erzeugt, denn ER kriegt nun das Sahnegeschnetzelte und SIE steckt (wie so oft) zurück.

Aber das nur nebenbei. Man kann ganz sicher sein und darauf wetten: Kaum wird das Essen gebracht, kaum greift der Mann zum Besteck – da zuckt schon ihr Gäbelchen quer über den Tisch und sticht wie ein Habicht in das Sahnegeschnetzelte, um hier was aufzupicken und dort was zu stehlen. Mhm, lecker.

Es ist nämlich so: Liebe bedeutet für Frauen die vollkommene Einheit von allem. Aus zwei werde eins, das ist ihr Credo. Und es gilt auch für zwei verschiedene Teller im Restaurant. »Was mein ist, soll auch dein sein« ist das Gleiche mit anderen Worten. Und was eine Frau darunter versteht, wird sie gleich demonstrieren.

Es dauert nämlich nicht lange, da spießt sie ein Stück von ihrem eigenen Essen auf die Gabel, garniert es fürsorglich mit etwas Soße und einer Winzigkeit Gemüse, streckt ihm die Gabel quer über den Tisch in Mundhöhe wie ein Florett entgegen und flötet: »Willst du mal probieren, Schatz?« »Nein.« »Aber probier doch mal! Ist lecker!« (Immer noch zappelt die Gabel in Mundhöhe.) »NEIN.« »Ach komm. Sei doch nicht immer so! Probier doch mal!« (Zappel.)

Ein Mann, der jetzt resigniert und zuschnappt, vermeidet zweifellos ein drohendes Stimmungstief. Es ist nämlich zu befürchten, dass sie die zappelnde Gabel nicht ohne Konsequenzen zurückzieht. Genau in diesem Moment fällt ihr ein, dass er eigentlich sowieso ein unbrauchbarer Spielverderber mit chronisch schlechter Laune ist, der sogar einen Happen von ihrem Teller ablehnt. Für sie ist es so, als wenn er sie ablehnt. Dabei wollte sie doch nur nett zu ihm sein!

Deutsche Märchen haben mitunter eine verblüffende Partnerschaftssymbolik. Schon bei den Gebrüdern Grimm – Sie erinnern sich? – findet einer der sieben Zwerge es überhaupt nicht witzig, dass eine Frau »von seinem Tellerchen gegessen« hat. Ganz so wie der Mann mit dem Sahnegeschnetzelten.

6. KAPITEL

DIE FRAU UND IHR JOB

61 | IST SIE ETWA BESSER ALS ICH?

Vielleicht nicht besser, aber vielseitiger auf jeden Fall. Bei gleicher Ausbildung bringt die Frau nämlich einige vorteilhafte Eigenschaften mit. Zum Beispiel die typisch weibliche Intuition. Sie verfügt über »emotionale Intelligenz«. Wo der Mann einen Plan macht und ihn sorgfältig durchdenkt, hat sie das Problem vielleicht schon längst gelöst. Nicht logisch, aber erfolgreich.

Bei Kundengesprächen hat sie ebenfalls Vorteile, weil sie Schönheit und Charme einsetzen kann. Sie ist auch besser motiviert als manch ein männlicher Kollege. So ist sie zum Beispiel dankbar, wenn sie trotz Kind halbtags weiterarbeiten »darf«. In den USA gibt es gerade den Trend, bei freien Stellen Hausfrauen zu bevorzugen. Die sind Chaos gewohnt, lassen sich nur selten aus der Ruhe bringen, sind krisenerprobt im Organisieren und sich auch nicht zu schade dafür, mal einen Kaffee zu kochen.

Wir in Deutschland haben vielleicht einen viel zu langen Mutterschutz. Darüber sollte unsere Kanzlerin mal nachdenken. Der Mutterschutz hindert viele Chefs nämlich daran, Frauen überhaupt einzustellen. In Spanien zum Beispiel sind das nur sechs Monate. Die Spanierin ist es gewohnt, ihr Kind danach in eine private Kita zu geben und wieder arbeiten zu gehen. Das ist für den Arbeitgeber überschaubar. Wir hier in Deutschland haben es überzogen mit dem sozialen Netz. Nützen sollte das soziale Netz eigentlich den Frauen. Aber im Ergebnis hindert es die Chefs daran, Frauen überhaupt einzustellen. Und deshalb schadet es den Frauen vielleicht sogar.

62 | WIE KANN DER CHEF SIE GLÜCKLICH MACHEN?

Da Frauen mit Männern überhaupt nicht zu vergleichen sind, sollte man sie als Chef ganz anders behandeln. Zwischen Mann und Mann läuft es so: Der eine sagt, was gemacht werden muss, und der andere macht es. Es wäre peinlich, wenn der Chef seinen Schichtführer morgens mit den Worten empfängt: »Also, Paul, wie du heute wieder deinen Schnurrbart geschnitten hast, das sieht einfach toll aus.« Wer aber eine Frau beschäftigt, sollte ihr einen Teil des Gehaltes in Streicheleinheiten auszahlen.

Erstens sollte man morgens jeder Frau in der Firma ein Lächeln schenken.

Zweitens sollte man ihr winzige Komplimente machen (»Gut schauen Sie aus!«, »Steht Ihnen gut, die Bluse!« oder irgendetwas anderes Unverfängliches reicht vollkommen aus).

Drittens versucht ein guter Chef, sich von jeder weiblichen Mitarbeiterin irgendein privates Detail zu merken. »Na, was macht die Grippe vom Jüngsten?«, das ist doch nicht schwer! Zur Not reicht auch: »Na, wie geht's zu Hause?«

Viertens – wenn man einer Frau sagt: »Das und das muss gemacht werden«, und sie macht es – dann sollte man das als Chef nicht als selbstverständlich hinnehmen, sondern ihr ein »Fein gemacht, danke!« gönnen.

Das alles kostet nichts. Aber es macht aus der Frau eine derart loyale und glückliche Mitarbeiterin, dass man als Chef nur staunen kann. Eine Frau, die man so behandelt, geht für ihre Firma durchs Feuer.

Richtig glücklich macht man eine Mitarbeiterin, wenn man sie nach ihrer Meinung fragt. Frauen haben ein Urbedürfnis, für ihre Arbeit Anerkennung zu finden. Sie dürsten danach wie das Kamel in der Wüste nach schlappen sieben Jahren vergeblicher Wasserstellensuche. Und manch ein Mann wird staunen: Wenn die Frau erst einmal ihre Hemmungen verliert und keine Angst mehr hat, etwas Dummes zu sagen – dann kommt sie manchmal auf quergedachte Ideen, die der eingefleischten Herrenrunde niemals eingefallen wären.

Eine angehende Kapitänin, die als Zweiter Offizier und einzige Frau unter lauter Männern auf einem Frachter rund um die Welt fährt, erzählte uns mit strahlenden Augen vom Geburtstag ihres Chefs. Es war irgendwo in Südamerika. »Beim Landgang kaufte ich ihm eine Kiste Zigarren, packte sie hübsch ein und machte eine Schleife drum. Der hatte Tränen in den Augen vor Rührung. Er fuhr nun schon 30 Jahre als Kapitän, aber er hatte noch nie etwas zum Geburtstag bekommen.« Das Schönste an der Geschichte war für sie, dass der Mann ihr gegenüber seine Rührung gezeigt hatte; darauf war sie besonders stolz. Auch sonst änderte sich einiges durch die Anwesenheit einer Frau an Bord: »In den Unterkünften der Männer hatte es immer ziemlich muffelig gerochen. Aber schon im ersten Hafen gingen die Jungs los und kauften sich Aftershaves. Ab da roch es an Bord undefinierbar nach allen möglichen Herrendüften ...«

63 | WARUM SIND FRAUEN SO STUTENBISSIG?

Frauen beißen immer dann um sich, wenn sie unsicher und unglücklich sind. Nur wenn sie glücklich sind, können sie anderen auch mal was gönnen. Nun ist es aus Frauensicht so, dass sie im Job mehr unter Druck stehen als Männer. Druck erzeugt Unsicherheit. Und die macht unglücklich.

Die lieben männlichen Kollegen dürfen ihren Bauch vor sich herschieben, haben dreckige Fingernägel und tragen die unmöglichsten Hosen. Bei der lieben Kollegin ist so was gleich ein Fall für den »Flurfunk«: Schon gesehen, wie die wieder rumläuft? Die lässt sich aber gehen!

Oder das Thema Familie. Mütter haben in der Firma ganz andere Probleme als Väter. Wenn ein Mann in der Firma ständig von seinen Kindern erzählt oder er sogar ein allein erziehender Vater ist, zeigen sich Kollegen und Chefs suuuper-rücksichtsvoll. Soooo ein engagierter Papi! Da kann es durchaus sein, dass er von vornherein mit Samthandschuhen angefasst wird. Zum Beispiel, wenn kurz vor Feierabend noch ein dringender Anruf von einem Kunden kommt, der sofort Hilfe braucht. Die kriegt er – aber bestimmt nicht vom Vorzeige-Papa, dafür sorgt schon die mütterliche Chefsekretärin. »Ach nein, der Herr Meier, der kann nicht zu dem Kunden fahren. Dem sein Kleiner kommt doch um 5 aus dem Kindergarten! Na, Sie wissen doch, der ist Alleinerzieher!« Bei einer allein erziehenden Mutter hingegen heißt es: Die und ihre Kinder! Dieses Theater! Wie schlecht die organisiert ist! Das macht Frauen erst sauer und dann bissig.

Hinzu kommt, dass Frauen ein angeborenes Harmoniebedürfnis haben. Sobald nun aber etwas aus dem Ruder läuft, zicken sie rum. Sie reagieren nicht problem- und lösungsorientiert so wie Männer, sondern mit einer allgemeinen generellen schlechten Laune. Und passiert dann noch etwas Unvorhergesehenes – vielleicht fliegen demnächst Leute raus in der Firma, oder das Kind hat Schulprobleme, oder das Auto ist kaputt, oder die Ehe ist schwierig, oder sie sind gesundheitlich schlecht drauf –, dann fühlen sie sich überfordert und sind es vermutlich auch. Das wiederum wollen und dürfen sie nicht zeigen, sie fühlen sich fertig, können die Probleme nicht lösen, tünchen alles mit Make-up zu und fressen den Frust in sich hinein. Bis ihnen jemand in die Quere kommt. Dann zicken sie los, Kollegin zickt zurück, man schaukelt sich hoch und schon ist die schönste Stutenbissigkeit im Gange.

Einer, der es sozusagen »von außen« beurteilt, ist Frauenfußball-Trainer Jürgen Krust (zwölf Jahre beim Bundesligisten FCR Duisburg, drei Mal Deutscher Meister). Er spricht von »Neid und Eifersüchteleien. Ich habe es am eigenen Leib gespürt. Durch Zicken-Intrigen der untersten Schublade wurde versucht, mich als Trainer abzusägen. Von Spielerinnen, die nicht zur Stammelf gehörten, wurde mir aus Verärgerung sexuelle Belästigung vorgeworfen (...) Frauen sind einfach zickiger als Männer. Und nachtragender. Nach einem Krach mit einem Fußballer sitze ich am nächsten Tag wieder mit ihm bei einem Bier zusammen. Bei Frauen ist das undenkbar. Sie sind beleidigt und spinnen dann Intrigen gegen einen.«[8]

Es gibt noch einen Punkt. Arbeitet EINE Frau mit mehreren Männern zusammen, hat sie selten ein Problem. Wenn sie gut ist, wird sie eingemeindet und akzeptiert. Kommt aber eine ZWEITE Frau ins Team, ist beiden klar: Eine von uns kommt weiter. Die andere bleibt unten. Ein Überlebenskampf beginnt. Wer mehr Eier legt, ist besser. O-Ton Frau: »Viele Frauen haben schlicht und ergreifend Angst. Stutenbissigkeit oder Zickerei ist eine vorsorgliche Waffe gegen die drohende Konkurrenz. Und wer Angst hat, sieht überall Feinde.«

8 *Zitate aus »BILD«*

64 | WARUM IST SIE GNADENLOSER ALS EIN MANN?

Tatsächlich gibt es Frauen, die ihre Karriere rücksichtsloser und konsequenter vorantreiben, als Männer das jemals tun würden. Wenn eine Frau in der Firma an einem Mann vorbeizieht, dann ist sie in der Regel 1.) besser und 2.) härter. 3.) sieht sie vermutlich auch noch besser aus.

Bei vergleichbar guter Ausbildung bringt sie ohnehin bessere Voraussetzungen mit. Sie denkt mehrgleisig, kann mehr Dinge gleichzeitig regeln, verfügt über mehr Intuition und ist zum Beispiel bei Gesprächen mit wichtigen Kunden auch noch hübsch anzusehen. Das mag sexistisch klingen, entspricht aber der Realität, und Frauen machen natürlich Gebrauch davon.

Sitzen sechs geldschwere Investoren mit einem Makler am Tisch, und der lässt verführerisch seine Muskeln spielen ... Bringt das was? Sitzen aber sechs geldschwere Investoren mit einer Maklerin am Tisch, und die schlägt kess die Beine übereinander ... Bringt mehr, oder?

Frauen im Job können mit ihrem Körper durchaus etwas erreichen, und wenn es nur ein besseres Gesprächsklima ist. Das Problem bei den meisten Frauen im Job ist nur: Sie trauen sich überhaupt nicht, ihre vielen geschlechtsspezifischen Vorteile wie komplexeres Denken, bessere Intuition und Ganzkörpereinsatz zur Geltung zu bringen. Weil Frauen von Natur aus eigentlich sehr zurückhaltend sind.

Wenn jetzt aber eine Frau plötzlich feststellt, dass sie eigentlich für jede Karriere dieser Welt prädestiniert wäre – und wenn sie diese blöde weibliche Zurückhaltung einfach aufgibt –, dann schießen Frauen in den Karriere-Olymp.

Viele verzichten dafür allerdings auf einen Teil ihrer Weiblichkeit. Sie kleiden sich wie Männer, sie benehmen sich so, sie denken auch so. Sie übernehmen die männlichen Spielregeln. Dann sind sie unschlagbar.

65 | VERDIENT SIE SO VIEL WIE ICH?

Auf den ersten Blick: Nein. Betrachtet man alle Branchen, so bekommt eine Frau nur 84 Prozent vom Männergehalt.[9] Das liegt aber unter anderem auch daran, dass Frauen häufiger als Männer in Berufen arbeiten, die von vornherein schlechter bezahlt werden. Man muss also genauer hinschauen, bevor man von Diskriminierung spricht. In den Bereichen Marketing, Software und Callcenter zum Beispiel verdienen Männer und Frauen schon heute gleich viel. Im Bereich IT liegen Frauen bis zur Altersgrenze von 40 Jahren sogar bei 104 Prozent.

Im »Hamburger Abendblatt«[10] sagt Achim Koenen, Leiter der Topos Personalberatung: »Es gibt immer weniger Unterschiede.« Im Personalbereich, im Vertrieb, im Außendienst und im Controlling habe das ehemals gültige Urteil von den benachteiligten Frauen schon heute keinen Bestand mehr: »Junge, gut ausgebildete Frauen treten heute viel selbstbewusster auf als vor zehn Jahren. Häufig machen Frauen um die 30 in Bewerbungsgesprächen sogar einen viel helleren, frischeren Eindruck als gleichaltrige männliche Mitbewerber.«

9 *Stand: Winter 2005/2006*
10 *Dezember 2005*

66 | SOLLTE MAN WAS MIT EINER KOLLEGIN ANFANGEN?

Wenn es die Firma nicht gäbe, hätten viele Single-Frauen überhaupt keine sozialen Kontakte mehr. Alleine gehen sie nicht gern weg. Wenn schon, dann mit Freundin. Aber angesprochen werden sie nur selten. Auf Partys sind durchweg sowieso nur Pärchen eingeladen und wenn sie doch dabei sind, fühlen sie sich ausgegrenzt. Wo soll die clevere, beruflich voll eingespannte Single-Frau denn einen Mann kennen lernen, wenn nicht in der Firma? Aus dieser Perspektive müsste man die Frage also mit einem klaren, fröhlichen Ja beantworten: Baggert die Kollegin an! Wer sonst, wenn nicht ihr? Erlaubt ist es auch, seit das Verbot eines Unternehmens, private Kontakte innerhalb der Firma zu pflegen, von einem Gericht für rechtswidrig erklärt wurde.[11] Aber Vorsicht, denn beim Baggern in der Firma kann man sehr leicht auf allerlei Tretminen stoßen.

Erstes Beispiel aus der Praxis. Eine Frau hat sich mühsam mit viel Kompetenz einen Platz in ihrer Abteilung erkämpft, wird gefördert und arbeitet motiviert und mit Freude. Plötzlich stellt sie fest, dass ihr Abteilungsleiter scharf auf sie ist. Freut sie sich darüber? In der Regel nicht. Im Gegenteil. Sie findet das äußerst unangenehm. Sie weiß nämlich plötzlich nicht mehr, ob sie wirklich wegen ihrer Kompetenz so weit gekommen ist. Und sie weiß nicht, ob sie weiterhin gefördert wird, wenn sie seine Avancen ablehnt. Dieses Baggern könnte den Betriebsfrieden nicht nur erheblich stören, sondern aus Frauensicht sogar ein Kündigungsgrund sein. Obwohl der Abteilungschef – das können wir ja mal unterstellen – sie vielleicht wirklich und ganz im Ernst extrem sympathisch fand und überhaupt nicht vorhatte, Berufliches und Privates irgendwie zu verquicken. Die Lehre aus diesem Praxisbeispiel: Man sollte niemals eine Frau anbaggern, der man beruflich etwas zu sagen hat.

Zweites Beispiel aus der Praxis. Besagte kompetente und hoch motivierte Frau bekommt von sehr vielen Kollegen nett gemeinte Komplimente. Sie ist begehrt. Aber freut sie das? Nein. Aus Frauensicht sieht

---

11 *Das hatte eine Supermarktkette 2005 versucht und war damit gescheitert*

das so aus: Sie kann machen, was sie will, und so gut sein, wie sie will. Immer wird sie von ihren männlichen Kollegen irgendwie »anders« behandelt. Das geht mit Blicken los (kein Mann starrt seinem männlichen Kollegen beim Reden ständig auf den Hodensack!), und das geht mit anzüglichen Bemerkungen weiter (kein Mann sagt seinem männlichen Kollegen ständig, wie sexy seine Krawatte ist!). Die Frau wünscht sich manchmal, sie wäre ein ganz normaler Mann und verflucht ihr Schicksal, als Frau in einer Männergesellschaft arbeiten zu müssen. Die Lehre aus diesem Praxisbeispiel: Man sollte einer Kollegin niemals Komplimente machen, die nichts mit ihrer Arbeit zu tun haben.

Drittes Beispiel aus der Praxis. Die neue Auszubildende ist wirklich offenherzig, zu jedem nett und immer gut gelaunt. Außerdem ist sie auch noch bildhübsch und kann sogar einen derben Scherz vertragen! Also nix wie ran. Sagt sich der Mann. Und lädt die hübsche Azubine mal eben zum Essen beim Italiener ein. Wie aber empfindet sie die Situation? Gar nicht mal negativ, sie hat auch nichts dagegen. Nur kennt sie sich in der Hierarchie der Firma noch nicht so gut aus. Deshalb beschliesst sie, sich erst einmal über den Mann zu informieren. Aber, oh Schreck, er erfährt es zu spät: Sie vertraut sich ausgerechnet seinem ärgsten Feind an, der schon lange auf seinen Job scharf ist! So dauert es nicht lange und er hört die ersten zweideutigen Anspielungen aus dem Kollegenkreis. Dann sitzt er irgendwann beim Oberchef, und der ist ganz jovial: »Also Müller, von dem jungen Gemüse sollten Sie künftig aber die Finger lassen. Sonst wird das nix mit dem Abteilungsleiterjob … Ich hab ja auch so meine Quellen, hö-hö-hö …«

Es wird tatsächlich nix mit dem Abteilungsleiterjob. Die Lehre aus diesem Praxisbeispiel heißt: Man sollte so viele hübsche Auszubildende einladen, wie nur irgendwie geht. Aber nie eine aus der eigenen Firma.

67 | WARUM SIND VIELE CHEFINNEN SO ZICKIG?

Weil es schwierig ist, die Chefin von Männern zu sein. Sie muss erstens ständig besser sein, okay, als männlicher Chef sollte man das auch. Sie muss sich aber zweitens mit einer Stimme durchsetzen, die nun einmal erheblich höher ist als die der Untergebenen (jeder Mann weiß doch, wie man Leute allein mit leisem Löwen-Geknurre zum Laufen kriegt). Sie hat drittens sehr oft einen Mann als Oberchef, der ihr eine Chance gegeben hat, und wenn sie die in den Sand setzt oder sich nicht richtig durchsetzt, ist die Chance verpatzt. Kurzum, eine Chefin kämpft an mehr Fronten gleichzeitig als ein Chef. Hin und wieder trifft man auf Frauen in Führungspositionen, die ihren Job absolut souverän machen, aber vor allem in den klassischen Männerberufen sind sie immer noch die Ausnahme. Die meisten neigen zur Zickigkeit, weil sie überfordert sind. Dafür können sie nicht mal was. Es ist einfach so.

Weil Frauen gefühlsbetonter als Männer sind, spielen Sympathie und Antipathie bei ihnen eine größere Rolle. Wenn die Chemie nicht stimmt, geht bei ihnen gar nichts. Da kann ein Vorschlag noch so gut sein: Wenn er von dem oder der Falschen kommt, wird er gnadenlos abgebügelt. Das ist die Kehrseite jener gewissen weiblichen Irrationalität, die Frauen auf der anderen Seite auch kreativer, komplexer und beweglicher denken lässt als Männer.

Hinzu kommt, dass Frauen eher aus dem Bauch heraus entscheiden. Das ist zwar an sich noch nichts Negatives, macht ihre Entscheidungen jedoch hin und wieder etwas schwer verständlich. Und weil sie der Kritik »Gestern hieß das aber noch ganz anders« nichts Rationales entgegensetzen können (denn der Kritiker hat ja nicht Unrecht, aus seiner Sicht), wehren sie sich mit Zickigkeit. Sie haben einfach das Gefühl, im Recht zu sein – auch, wenn sie es nicht begründen können.

68 | KANN SIE SCHWEIGEN WIE EIN GRAB?

Jein. Wenn der Chef seiner Mitarbeiterin ein Betriebsgeheimnis anvertraut, dann wird sie das im Kollegenkreis für sich behalten. Sie weiß nämlich: Wenn das rauskommt, kann nur ich es gewesen sein. Da tickt sie wie ein Mann, nämlich durchaus logisch. Aber ... Irgendwo auf dieser weiten Welt gibt es eine aller-aller-allerbeste Freundin, der sie das Geheimnis unter dem Siegel der tiefsten Verschwiegenheit garantiert noch am selben Abend erzählt, denn sonst würde sie glattweg platzen. Diese allerallerallerbeste Freundin, die jede Frau hat, ist hoffentlich nicht aus derselben Branche! Denn nur als Nicht-Betroffene gerät sie ihrerseits nicht in Gefahr, zu platzen.

Anders verhält es sich mit normalem Flurfunk nach dem Motto: »Haben Sie auch schon gehört, dass der Herr Meier was mit der Frau Müller haben soll, aber pssst ...« Geheimnisse dieses Kalibers kann man ebenso gut gleich ans Schwarze Brett nageln; die Frau wird sie keinesfalls für sich behalten. So wie Männer vielleicht Briefmarken tauschen oder sich gegenseitig Werkzeuge ausleihen, so handelt, tauscht, leiht und verleiht die Frau Nachrichten aus der weiten Welt des Klatsches. Wer was mit wem macht, ist für sie Kapital. Darum »tratscht« sie seit Jahrtausenden so gern. Umgehend schickt sie eine Mail an die allerliebste Kollegin, kaum dass der Informant aus dem Zimmer ist. »Du ahnst nicht, wer gerade ...«, »... und halt dich fest, der hat doch glatt ...«, »Ich hatte ja keine Ahnung, aber jetzt, wo er's sagt ...«, »Die (der) hat sie ja wohl nicht mehr alle ...«, »Hab ich doch gleich gesagt ...«, »Das wird doch nie ...«, »Aber pssst ...«

Würden die Server in deutschen Firmen alle weiblichen Mails mit privatem und »streng vertraulichem« Inhalt als Spam betrachten und automatisch aus dem System löschen, wären die Arbeitsspeicher fast leer.

69 | WÜRDE SIE WEGEN DER KARRIERE MIT IHREM CHEF ...?

Macht macht sexy, und der Männerschweiß des Erfolges riecht ziemlich gut. Entscheidungsträger haben also ohnehin relativ gute Chancen, wenn sie nicht gerade abstoßend aussehen oder ausgemachte Arschlöcher sind. Hinzu kommt – auch das wollen wir nicht verschweigen –, dass ziemlich viele Frauen ein T-Shirt mit dem Aufdruck »Ich bin eine berechnende Schlampe« verdient hätten.

Kurzum: Klar gibt es Frauen, die aus äußerst eigennützigen Motiven was mit ihrem Chef anfangen. Uns sind zum Beispiel Fälle zugetragen worden wie dieser: Hübsches Mädchen (18), Abi-Jahrgang 2006, steht in Latein auf 5, man sieht sie eng umschlungen mit dem Lateinlehrer und sie schafft doch glatt noch eine 4.

Heftig – und auch hier bestätigt sich mal wieder ein uraltes Klischee – scheint es in Krankenhäusern sowie an Universitäten zuzugehen: Krankenschwester/Arzt, Studentin/Professor usw. passiert offenbar fast so häufig »in echt«, wie es uns die ganzen Arztromanhefte suggerieren. Wobei Ärzte ohnehin Heimvorteil genießen, da sie sich, wie eine Krankenschwester ganz niedlich sagte, »mit dem Frauenkörper ja auskennen«. Logisch: Man bringt sein Auto ja auch nicht zum Reparieren in eine Änderungsschneiderei, sondern stattdessen gleich in eine Kfz-Werkstatt.

Aber die Mehrheit der Frauen bezeichnet mögliche Karriereschübe durch Sex mit dem Chef nur als »angenehmes Tüpfelchen auf dem i«, keinesfalls aber als Grundmotiv. Als unbedingt vorteilhaft empfinden sie jedoch den Zuwachs an Einfluss, den sie künftig genießen. Politik wird eben im Bett gemacht – das gilt auch für Firmenpolitik.

Frauen, die grundsätzlich niemals etwas mit einem Chef anfangen würden, trifft man selten. Denn »wo die Liebe hinfällt ...«, und überhaupt: »Was will man machen, wenn man sich verliebt?« Die gut gemeinte Regel »never fuck the company« stößt also zumindest bei Frauen nicht unbedingt auf offene Ohren.

70 | BENEIDET SIE FRAUEN, DIE »NUR« HAUSFRAU SIND?

Jede Frau träumt davon, Ehe, Kinder und Beruf unter einen Hut zu kriegen und zwar so, dass ihr nicht alles über den Kopf wächst. Das wäre aus weiblicher Sicht der Idealzustand. Vor allem jüngere Frauen mit guter und langer Ausbildung (zum Beispiel einem Studium) können sich schwer vorstellen, auf Dauer »nur« Hausfrau zu sein. Deshalb beneiden sie Frauen, die sich dafür entschieden haben (bzw. auf Grund ihrer Lebensumstände in die Hausfrauenrolle hineingeraten sind), keinesfalls.

Auf jeden Fall beneiden sie Frauen, in deren Ehe die Aufgabenteilung funktioniert. Falls sie solche Frauen überhaupt kennen, denn sie sind seltene Ausnahmeerscheinungen. Es gibt nicht sehr viele Familien, in denen der Mann beruflich zurücksteckt, damit seine Frau nach der Geburt möglichst schnell wieder in den Beruf zurück kann. Meistens geht das auch nicht so einfach, obwohl er vielleicht gar nichts dagegen einzuwenden hätte: Es kann für den Mann einen Karriereknick bedeuten, den er nie wieder wettmachen kann – oder sogar den Verlust seines Arbeitsplatzes. Viele Jobs kann man einfach nicht mit halber Kraft machen oder einfach mal für einige Zeit aussteigen. Selbst dann nicht, wenn es vom Gesetz her vorgesehen ist: Man steckt in einer Tretmühle drin. In einem Karussell, aus dem man nur einmal aussteigt. Und zwar für immer.

Für gut ausgebildete Frauen stellt sich deshalb ganz ernsthaft die Frage: Kind oder Karriere? Und weil wir in einer Zeit leben, in der die Menschen mit Recht Angst um ihre Zukunft haben, entscheiden sich immer mehr Frauen für die Karriere. Die Folge ist, dass die Zahl der kinderlosen Ehen steigt und die Zahl der Familien mit Kindern zurückgeht. Irgendwann kommt dann aber höchstwahrscheinlich doch noch der Tag, an dem die kinderlose, voll berufstätige Frau die Hausfrau tatsächlich beneidet: Nicht, weil sie »nur« Hausfrau ist – sondern weil sie Kinder hat.

71 | MÖCHTE SIE MIT MEINEM BERUF ANGEBEN KÖNNEN?

Diese Frage beantwortet jede Frau mit einem spontanen »Nein«, aber ganz so eindeutig ist es dann doch nicht. Auf jeden Fall ist bei der Partnerwahl auch die Frage wichtig, was er von Beruf ist und welche Perspektiven er hat. Eine Frau überlegt sich beim Kennenlernen sofort, ob diese Beziehung – wenn es denn zu einer käme – auch eine wirtschaftliche Zukunft haben könnte! Aber das bedeutet ja noch nicht, dass SIE mit SEINEM Beruf unbedingt »angeben« möchte.

Nun wird sie aber von ihren Freundinnen als Allerersten nicht etwa gefragt, ob der neue Mann an ihrer Seite ein gutes Herz hat. Sondern die interessieren sich dafür, wie er aussieht und was er beruflich macht. Dann ist es schon ganz nett, wenn sie in die Augen der Freundinnen ein klitzekleines neidisches Glitzern zaubern kann. »Wie bist du denn an DEN rangekommen?« ist eine Frage, die der weiblichen Seele auf jeden Fall schmeichelt. Die korrekte Antwort heißt also: SIE möchte mit SEINEM Beruf auf keinen Fall angeben. Aber sie hat überhaupt nichts dagegen, wenn sie es tun kann.

72 | SOLLTE MAN EINE FRAU EINSTELLEN?

Auf jeden Fall! Arbeitsmarktexperten sagen: Frauen sind die besseren Problemlöser, weil sie mehrgleisig und komplex denken können. Als Hausfrau und Mutter sind sie es gewohnt, den ganz alltäglichen Wahnsinn in den Griff zu bekommen; deshalb verlieren sie selbst im Chaos nicht so leicht die Ruhe. Sie bringen eine Menge Ehrgeiz mit, weil sie sich in der Männerwelt durchsetzen möchten. Es ist »typisch Frau«, sich für jedes auftretende Problem persönlich verantwortlich zu fühlen und entsprechend tatkräftig an seiner Lösung mitzuarbeiten – auch das kommt dem Unternehmen zugute.

Andererseits verlieren viele Frauen ihre Teamfähigkeit, wenn sie mit anderen Frauen zusammenarbeiten. Entsprechend häufig hört man von berufstätigen Frauen: »Am liebsten arbeite ich mit Männern; die sind nicht so zickig und verschwenden nicht so viel Zeit mit Sticheleien und Intrigen.« Optimal ist verschiedenen Umfragen zufolge eine einzige Frau in einem ansonsten nur aus Männern bestehenden Team, was regelmäßig auch dem Umgangston in der Firma sehr zugute kommt.

An anderer Stelle in diesem Buch war bereits von der angehenden Kapitänin die Rede, die als einzige Frau als Zweiter Offizier auf einem Frachter anheuerte. Nach ihrer Erfahrung und nach Schilderungen von anderen Crew-Mitgliedern veränderte ihre Anwesenheit das Klima an Bord erheblich zum Positiven. So kümmerten sich die Männer plötzlich um Tischdecken, was früher nicht üblich gewesen war. Sie wuchsen als Team zusammen, verlegten das gemeinsame Essen und die Einsatzbesprechung schon mal aus der Messe aufs Deck – nur, um gemeinsam die Weite des Meeres und die schöne Sonne zu genießen. Ihre Tischmanieren verbesserten sich ebenfalls schlagartig; sie schmatzten nicht mehr so laut. Und frauenfeindliche Witze wurden nicht mehr erzählt. Beim Landgang nahmen sie »ihre« Bord-Frau ganz selbstverständlich mit und fühlten sich für sie verantwortlich – was die Bordellbesuche ebenso zurückschraubte wie den Alkoholkonsum.

Wider Erwarten hatten die circa 20 Männer an Bord keinerlei Probleme damit, sich dem Kommando einer Frau zu unterwerfen. Der Zweite Offizier ist zum Beispiel für die gesamte Ladung verantwortlich. Er bestimmt, wie die Ladung gestaut und wie be- und entladen wird. Dieses unkomplizierte Miteinander ist vor allem deshalb erstaunlich, weil die Mannschaft auf einem Frachter gemeinhin aus den verschiedensten Kulturkreisen zusammengesetzt ist. Auch aus solchen, in denen die Frau heute immer noch als Mensch zweiter Klasse gilt.

7. KAPITEL

DIE FRAU UND IHR ÄUSSERES

73 | WIE WICHTIG IST GUTES AUSSEHEN FÜR SIE?

Das Leben einer Frau ist ein einziges Theater. Manchmal ist es eine Komödie, aber meistens eher ein Drama. Badezimmer und Kleiderschrank sind die Garderobe in diesem Theater. Vor dem Spiegel schlüpft die Frau in ihre Rolle für den Tag. Sie macht sich so zurecht, wie sie aufs geneigte Publikum wirken möchte. Gibt sie heute die Lady? Den Vamp? Das kleine Mädchen? Das Naturwesen? »Gutes Aussehen« ist durchaus nicht dasselbe wie »perfekte Schönheit«. Sondern: Eine Frau sieht dann gut aus, wenn das Äußere zu ihr passt. Zu der Rolle, die sie heute spielen möchte. Und das ist extrem wichtig. So wie das passende Kostüm für eine Schauspielerin.

Wer sitzt im Publikum? Anders gefragt: Für wen macht sie das? Erstens sitzt sie selbst dort unten im Parkett. Ihr Selbstwertgefühl hängt davon ab, ob sie das richtige »Kostüm« trägt. Dann kann sie sich selbst applaudieren. Zweitens sitzt da unten ihr Partner, auf den sie ja eine gewisse Wirkung erzielen will. Drittens alle anderen Frauen, denen sie heute begegnen wird und die ihrerseits in eine »Kostümierung« geschlüpft sind. Und viertens natürlich alle fremden Männer, denen sie auch gefallen will.

Ein Problem taucht auf, wenn da unten im Parkett niemand sitzt. Wenn sie sich selbst nicht mag, wenn der Partner sowieso kein Interesse an ihr hat und wenn sich auch sonst niemand für sie zu interessieren scheint. Dann wird der Regisseur des Lebens sie auch ohne Kostüm auf die Bühne gehen lassen. Dann »lässt sie sich gehen«.

74 | WANN WÄRE SIE MIT IHREM AUSSEHEN ZUFRIEDEN?

Wenn sie mit sich zufrieden ist, dann ist sie auch mit ihrem Aussehen zufrieden. Sie ist extrem stimmungsabhängig. An schlechten Tagen mag sie sich einfach nicht. Das geht schon morgens im Badezimmer los. Dort fällt ihr nur auf, was ihr nicht gefällt. Das Liebenswerte sieht sie nicht. Und wieder einmal findet sie nichts zum Anziehen im Kleiderschrank.

An guten Tagen geht alles wie von selbst. Sie mag sich und ihren Körper, im Kleiderschrank liegt das Passende für den Tag zufällig obenauf und die entsprechenden Schuhe stehen auch schon bereit. Der dazugehörige Duft ergibt sich wie von selbst. Das ist ein guter Tag: Sie ist mit sich – und deshalb auch mit ihrem Aussehen rundherum einverstanden.

Frauen, die eigentlich total perfekt aussehen, haben übrigens mehr an ihrem Äußeren zu kritisieren als andere. Unter Frauen, die nicht so perfekt sind, findet man hingegen häufiger welche, die ihren Körper und ihr Aussehen mögen.

Wie kann der Mann die Zufriedenheit einer Frau mit ihrem Äußeren steigern? Durch viele Komplimente, die er gar nicht oft genug wiederholen kann. Komplimente sind Balsam für die Seele eine Frau. Sogar wenn das eigene Kind feststellt: »Mama, du siehst heute aber toll aus!«, ist es wie eine Vitaminspritze für ihr Ego. So wie Standing Ovations bei einer Theaterpremiere.

Das Verhältnis einer Frau zu ihrem Äußeren hat viel mit ihrem Vater zu tun. Er prägt sie für ihr ganzes Leben. Wenn ein Vater seiner kleinen Tochter immer wieder bestätigt: Du bist die Hübscheste, du bist toll, dir kann keiner das Wasser reichen und du musst dir überhaupt keine Sorgen machen – dann wird sie sich ihr ganzes Leben lang schön finden. Der Vater ist für eine Frau die erste männliche Identifikationsfigur und hat deshalb eine extrem wichtige Funktion in ihrem Leben.

Eine 35-Jährige erzählt: »Mein Vater hat mir immer wieder gesagt, dass ich die Hübscheste und Gescheiteste bin. Ich hatte dadurch immer eine sehr große Selbstsicherheit und auch später nie Probleme mit Männern. Wenn mir was nicht passte, bin ich gleich gegangen. Bei meiner Freundin war es ganz anders. Die hatte sehr negative Erfahrungen mit ihrem Vater. Das spürt man heute noch. Sie mäkelt den ganzen Tag an sich herum. Sie ist total unsicher, obwohl sie wirklich schön ist. Das hat sich in all den Jahren bei ihr nicht geändert.«

75 | WIE WICHTIG IST SEIN GUTES AUSSEHEN FÜR SIE?

Diese Nachricht wird vielen Männern Mut machen: Gutes Aussehen ist für fast alle Frauen ein angenehmer Nebeneffekt ohne zentrale Bedeutung. Viel wichtiger ist ihnen die Ausstrahlung eines Mannes. Er soll Charisma haben, mit sich selbst im Reinen sein und den Eindruck erwecken, dass er selbst sein bester Freund sein könnte. Es muss Spaß machen, sich mit ihm zu unterhalten. Er soll etwas zu sagen haben und Humor zeigen. Ein oberflächlicher Depp mit dem Aussehen eines Unterhosenmodels hat weniger Chancen als ein witziger, intelligenter, selbstbewusster Bierbauch mit Glatze. Es ist zwar richtig, dass sich jede Frau etwas Schönes wünscht – also am liebsten auch einen schönen Mann an ihrer Seite hätte. Aber Ausstrahlung kann männliche Schönheit durchaus ersetzen.

Und warum schwärmen dann so viele Frauen von Brad Pitt, Robbie Williams, Richard Gere oder George Clooney? Weil diese Männer in der Lage sind, allein durch ihre Anwesenheit einen ganzen Raum zu füllen. Sie haben jene Ausstrahlung, die Frauen so lieben. Jedenfalls scheint das so zu sein, wenn man sie im Kino oder auf der Bühne sieht. Das gilt übrigens auch für Mick Jagger, der ja nun wirklich nicht im Verdacht steht, besonders gut auszusehen.

Die Frauenzeitschrift »Allegra« machte kürzlich Interviews mit Frauen zu diesem Thema. Eine gewisse Beatrice sagte: »Ich mache häufig den Fehler, dass ich mir erst den Mann anschaue und dann den Menschen. Das ist absolut blöd, denn die körperliche Beziehung ist dann viel enger als die menschliche. Andersherum wäre es ja viel besser: erst der Mensch, dann der Mann.« Ihre Freundin Andrea war eher skeptisch: »Ich habe das auch schon mal probiert – vorwiegend auf innere Werte achten, meine ich. Das wird dann aber nur lauwarm, da fehlt das Prickeln.« Und eine Petra sagte: »Das Äußere ist für mich nicht so wichtig. Gut, 120 Kilo darf er nicht wiegen. Aber ich bin wahnsinnig eifersüchtig und war deshalb immer froh, wenn ich einen Durchschnittstypen an meiner Seite hatte. Neben meinem Traummann bin ich eine Zeit lang tatsächlich morgens aufgewacht. Ich dachte nur: Du bist so wunderschön. Aber wenn wir dann zusammen ausgegangen sind, habe ich immer diesen Blick von all den Frauen gefühlt: Wie kann denn dieser Mann mit der zusammen sein? Das hat mich krank gemacht.«

Offenbar hat ein Mann, der nicht ganz so gut aussieht, also auch gewisse Vorteile: Die Frau muss ihn nicht mit so vielen anderen teilen …

76 | WAS KANN ICH TUN, DAMIT SIE ABNIMMT?

War sie schon immer ein bisschen füllig? Dann kann man nicht viel machen, denn das ist ihr Ideal- und Wohlfühlgewicht. Alles andere wäre Quälerei für sie. Legt sie aber plötzlich zu, sollte man erst einmal nach der Ursache forschen. Es ist gut möglich, dass sie schlichtweg unglücklich ist.

Wenn sich im Leben einer Frau nichts mehr bewegt, wird sie sich auch nicht mehr bewegen. Wenn sie sich schon alleine fühlt und ihren Kummer in sich hineinfressen muss, will sie ihn wenigstens mit Schokolade versüßen. Eine Frau will geliebt werden. Das gibt ihr Kraft und Energie – auch die Energie, etwas für sich zu tun!

Und wenn der Mann nun alles tut, um seine Frau glücklich zu machen – und sie nimmt trotzdem nicht ab? In diesem Fall hilft nur eins: Er muss mit ihr zusammen Diät machen und Sport treiben. Liebe ist Gemeinsamkeit. Das gilt übrigens für Frauen viel mehr als für Männer. Man könnte eine gemeinsame Obst- und Gemüsephase einlegen, gemeinsam joggen gehen oder andere Maßnahmen ergreifen. Hauptsache, man macht es zu zweit.

77 | WAS HÄLT SIE VON SCHÖNHEITS-OPs?

Jede Frau hat irgendetwas an sich auszusetzen. Aber die wenigsten lassen an sich herumschnippeln. Die Kosten sind ja nicht gerade gering. Außerdem scheuen sie das gesundheitliche Risiko. Hinzu kommt der trotzige Gedanke: Wer mich nicht so mag, wie ich bin, der kann mir gestohlen bleiben!

Nur wenn eine Frau jahrelang unter einem Problem leidet – das kann ein echtes sein oder ein eingebildetes –, und wenn sie genau zu wissen glaubt, dass diese eine Operation ihr Problem für immer lösen würde, dann kann man ziemlich sicher sein: Eines Tages lässt sie es machen. Auch, wenn der Mann davon vielleicht gar nicht begeistert ist.

Wir sprachen mit einer jungen Frau, die schon als Mädchen der Meinung war, ihre Brüste seien zu klein. Sie weiß selbst nicht mehr, wer ihr eigentlich diesen Floh ins Ohr gesetzt hat und ob der eigene Vater auch mal so etwas erwähnte. Die Vermutung liegt zumindest nahe, dass es so war. Jedenfalls wuchs sich die Scham über die angeblich zu kleinen Brüste beinahe zu einer Psychose aus. Sie mochte keinen Bikini tragen, und oben ohne hätte sie sich sowieso niemals gesonnt. Sie litt länger als zehn Jahre unter dem vermeintlichen Manko und beneidete andere Frauen mit größerer Oberweite glühend. Irgendwann, sie war inzwischen 26 Jahre alt, hatte sie genug Geld zusammen und wollte es wagen. Ihr Freund hatte nichts dagegen einzuwenden. Außer ihm wurden nur wenige sehr enge Freunde eingeweiht. Die allerdings waren unisono dagegen. Wüste Horrorgeschichten über schiefe, ungleiche oder gar platzende Implantate, über wuchernde, entstellende Narben und mehrfache erfolglose Nachoperationen machten die Runde. Die junge Frau ließ sich nicht beirren. Auf Grund einer Empfehlung fuhr sie in eine Klinik an der Nordsee, informierte sich und bekam einen Termin. Sie blieb ungefähr eine Woche in der Klinik und hatte weitere vier Wochen mit den Nachwirkungen zu tun. Dann kam der letzte Verband ab. Operation gelungen – Patientin glücklich. Von ihrem Freund hat sie sich übrigens wenig später getrennt und ist jetzt mit einem Mann aus ihrem damaligen Freundeskreis zusammen, der auch dagegen gewesen war.

Diese Schilderung von einer geglückten Operation mit Happyend soll die Risiken einer Brustvergrößerung oder -verkleinerung nicht herunterspielen. Sie ist aber ein schönes Beispiel dafür, dass Frauen, die mit ihrem Körper unglücklich sind, durchaus gewisse Risiken in Kauf zu nehmen bereit sind.

78 | WARUM GIBT SIE SO VIEL GELD FÜR KOSMETIK AUS?

Weil hochwertige Kosmetik nun mal mehr kostet. Sie hält länger, und sie wirkt besser. Bei Kosmetik ist Geiz überhaupt nicht geil – sondern meistens eine Fehlinvestition. Hautcremes sind die einzige Ausnahme; da sind Billigprodukte manchmal erstaunlicherweise ebenso gut wie teure.

Aber das ist nur ein Teil der Wahrheit. Kosmetik ist für eine Frau Ausdruck eines bestimmten Lebensgefühls. Da kann sie nicht einfach »irgendetwas« nehmen. Es ist »ihr« Duft, »ihr« Hautgefühl. Lieber geht sie damit sparsam um, als auf ein anderes Produkt umzusteigen. Es ist seltsam, dass Männer das einfach nicht begreifen können. Denn im Grunde sind sie genauso. Fragen Sie mal einen eingefleischten BMW-Fahrer, warum er nicht auf Toyota oder Citroën umsteigt! Die bauen auch keine schlechten Autos, und billiger sind sie sowieso. Er würde Sie mit einem Blick ansehen, als hätten Sie gerade einen sehr, sehr dummen Vorschlag gemacht. »Ich fahre doch keinen Japaner oder Franzosen …« Seine Automarke spiegelt sein Lebensgefühl wider, ihr Parfüm spiegelt ihr Lebensgefühl wider.

Der dritte Grund ist optischer Natur: So eine Galerie von schicken teuren Fläschchen und Döschen sieht im Badezimmer einfach genial gut aus. Es sind Geschenke, die sie sich selbst macht. Wer eine glückliche Frau haben möchte, der jammert nicht über die hohen Kosten für Kosmetik. Der kennt ihre Marke und überrascht sie gelegentlich mit dem, was nicht einmal sie sich gönnen würde.

79 | WAS MACHT SIE EIGENTLICH IMMER SO LANGE IM BADEZIMMER?

Was richtig gut aussehen soll, braucht seine Zeit. Männer kennen das vom Autowaschen am Samstagnachmittag. Frauen dient der morgendliche Aufenthalt im Badezimmer aber nicht nur zur Herstellung eines akzeptablen äußeren Erscheinungsbildes, sondern es handelt sich auch um ein Mini-Wellness-Programm – vorausgesetzt, sie haben überhaupt genug Zeit bei all dem Morgenstress. Hier die Schilderung einer Frau, die von sich selbst sagt: »Morgens eine Stunde im Bad? Gar kein Problem, das schaffe ich locker.«

»Ich setze mich auf die Toilette und mache Pipi. Dann strecke ich mich bei offenem Fenster ein bisschen aus. Danach gehe ich unter die Dusche, seife mich genüsslich mit einem möglichst schönen Duschgel ein und wasche mir die Haare. Das dauert schon mal eine ganze Weile. Ordentlich heiß und kalt abduschen, immer im Wechsel. Ich wickele mich in ein dickes flauschiges Tuch und trockne meine Haare mit dem Föhn. Jetzt könnte mir mein Mann eine Tasse Kaffee bringen. Ich creme mein Gesicht mit einer Tagescreme ein, die Falten verhindern soll. Als Nächstes das Deo. Jetzt male ich mir meine Augen an, dann kommt das Make-up und die Wimperntusche. Ich ziehe mir was an und widme mich meinen Haaren, die ich nun über einen heißen Stab zu Locken wickle. Haarspray, noch ein Duftwässerchen – jetzt bin ich eigentlich schon bald fertig. Ich putze mir die Zähne. Am Ende sind Lippenstift und Puder dran. Ich schaue mir alles im Spiegel an und bin mal mehr und mal weniger mit mir zufrieden.«

Warum diese Prozedur allerdings eine volle Stunde dauern kann, werden Männer wohl nie begreifen.

80 | WARUM ZIEHT SIE NIE DAS AN, WAS ICH IHR VORSCHLAGE?

Weil sie die Frage nicht wirklich ernst meint. Während er den Vorschlag macht, »Zieh doch das kleine Schwarze an, das steht dir so gut«, hat sie schon längst die Nachteile des kleinen Schwarzen im Kopf, denn sie kennt ja ihre Garderobe. Wäre es das kleine Schwarze, würde sie nicht fragen. Das weiß sie zwar, aber sie sagt es nicht. »Meinst du …?«, fragt sie zögerlich. »Ach, ich weiß nicht …« »Doch, steht dir gut!«, sagt er. »Ich finde dich toll in dem kleinen Schwarzen.« »Trottel«, denkt sie. »Er hört nicht zu, er schaut nicht hin, er denkt nicht mit. Sonst wüsste er, dass das kleine Schwarze heute gar nicht geht.« »Na gut«, sagt sie, »wenn du meinst …« und zieht das kleine Schwarze an. Um es unmittelbar vor Abfahrt, die Taxe steht schon vor der Tür, wieder auszuziehen und das gesamte Outfit inklusive aller Accessoires blitzartig zu ändern.

Frauen würden niemals einen Mann ernsthaft fragen, was sie heute Abend anziehen sollen. Sie fragen, weil sie selbst gerade darüber nachdenken und nichts anderes tun, als ihre eigenen Gedanken in eine Frage zu kleiden. Und natürlich, weil eine unqualifizierte Meinungsäußerung immer noch besser ist als gar keine. Was auch immer ein Mann auf die Frage antwortet – es ist verkehrt. Hier hilft nur ein Kompliment, das alles und nichts sagt. »Ach Schatz: Du könntest sogar einen Müllsack tragen und wärest trotzdem die schönste Frau des Abends.«

81 | WARUM KAPIERT SIE NICHT, DASS MEIN RASIERER MIR GEHÖRT?

Die weitgehende Auflösung der Individualität und das Verschmelzen zweier Wesen zu einem gehören zur typisch weiblichen Liebesdefinition. Eine Frau kann nur schwer nachvollziehen, wieso ein Mann sie intim berühren und küssen will – und sich gleichzeitig aufregt, wenn sie seinen Nassrasierer zur Intimrasur benutzt. Es liegt nur ein einziger Buchstabe zwischen »Alles eins« und »Alles meins«!

Wenn sanfte Ermahnungen nichts nützen, könnte man ihr ja einen Luxus-Damenrasierer kaufen und den eigenen im Alibert verstecken. Es ist dringend davon abzuraten, wegen dieses Themas mit ihr Streit anzufangen: Sie würde die männliche Kritik an ihrer Rasierer-Mitbenutzung für ein deutliches Signal von mangelnder Liebe halten und entsprechende Schlussfolgerungen daraus ziehen.

Übrigens reagiert dieselbe Frau vermutlich äußerst ungehalten, wenn sich die halbwüchsige Tochter an ihren Kosmetika oder gar am Damenrasierer für die Beine vergreift. Obwohl sie das Kind doch auch über alles liebt.

82 | WAS HAT SIE IN IHRER HANDTASCHE?

Die hier aufgezählten Gegenstände passen natürlich niemals in eine einzige Handtasche, obwohl da erstaunlich viel hineinzupassen scheint. Aber es sind die am meisten genannten: Geld, Ausweise, Handy, Schminkspiegel, Parfüm, Kamm/Bürste, diverse Einkaufszettel, Adressbuch, Autoschlüssel, Präservative, Tampons, Kopfschmerztabletten, Talisman, Fotos, Kreditkarte, Scheckkarte, Lippenstifte (einer für morgens, einer für abends, ein kaputter), Nagelknipser oder -schere, Puder, Eyeliner, Abtöner, Vitamintabletten, Appetitzügler, Süßstoff, Visitenkarten von fremden Männern, inaktuelle Merkzettel (»heute nicht vergessen«), Kugelschreiber, Schlüsselbund mit circa 80 Prozent überflüssigen Schlüsseln, Zettel mit diversen listig getarnten Zifferncodes (PIN usw.), besonders erfreuliche und irgendwo rausgerissene Tageshoroskope, Illustrierten-Foto vom Lieblingsstar, Punkte-Sammelkarten von Budni, Karstadt oder anderen, die Pille, Feuchtigkeitsstift für die Lippen, Kontaktlinsendose und -flüssigkeit, Sonnenbrille, Ersatz-Kuli, Regenhaube oder Knirps, Bahncard, Blueberry, abgebrochener Bügel der vorletzten Sonnenbrille, Lieblingsliebesbrief, Ersatz-Autoschlüssel (falls die Handtasche mal geklaut wird), Ohrringe, Deo, Zigaretten, Feuerzeuge, Lutschbonbons, Kaugummi, Tempos, Blasen-Pflaster, Ersatz-Seidenstrümpfe, Nähzeug, Nasenspray, Gelkissen (für Schuhe, die zu eng sind), Creme für Oberwangenknochen (weil da die Haut spannt), ein Buch, iPod und Lautsprecherboxen bzw. Kopfhörer, Chai-Tee-Latte-Pulver zum Überalltrinken, Parfümproben fürs Auto (um Gerüche zu bekämpfen), Ersatzohrringe und eine Menge Staub, Flusen, aus angebrochenen Packungen Gerutschtes und und und.

Man merkt daran: 1.) Es hat einen guten Grund, dass Frauen immer so lange in ihren Handtaschen kramen. 2.) Frauen sind ständig für alle denkbaren Eventualitäten hervorragend ausgerüstet. 3.) Frauen denken nicht immer logisch – siehe Ersatz-Autoschlüssel, falls die Handtasche mal geklaut wird …

83 | WARUM GEHEN FRAUEN SO GERNE SHOPPEN?

Shoppen hat nichts mit dem zu tun, was Männer unter Einkaufen verstehen. Es bedeutet: Zeit haben für sich selbst, mal rauskommen aus dem ganzen Alltagstrott und sich um gar nichts kümmern müssen. Sich einfach so durch die Läden treiben lassen und neue Anregungen aufsaugen. Das ist für die Frau ein ganz anderes Gefühl, als wenn sie im Supermarkt den Einkaufszettel abarbeitet und die Plastiktüten ins Auto packt!

Shoppen ist so, als wenn sie durch eine Modezeitschrift spaziert. Sie bleibt mal hier hängen und mal dort und schaut sich dies und jenes an. Sie blättert sozusagen auf die nächste Seite um, indem sie die Straßenseite oder den Laden wechselt.

Aber natürlich kauft sie sich am Ende auch irgendetwas. Und es kann gut sein, dass sie ausgerechnet das gar nicht unbedingt braucht. Dafür gibt es eine andere Erklärung. Die meisten Frauen fühlen sich nämlich immerzu irgendwie schlecht und mies behandelt. Sie haben einen Hang zum Leiden. Zum Trost und aus Rache »gönnen« sie sich was. Und schon geht es ihnen ein bisschen besser.

Damit ihr Shoppen Freude macht, braucht sie Zeit. Kinder sind dabei hinderlich. Wie soll sie sich in aller Seelenruhe für einen neuen Duft entscheiden, der doch ihr neues Lebensgefühl ausdrücken soll, wenn ständig jemand an ihr zerrt und sich langweilt? Wie soll sie sich selbst etwas gönnen, wenn der Jüngste neue Turnschuhe braucht und die Älteste eine neue Jeans? Möglicherweise ist schon Ebbe in der Kasse, bevor sie auch nur eine einzige Bluse für sich selbst erstanden hat. Wer eine glückliche Frau haben will, der nimmt ihr deshalb die Kinder ab und lässt sie alleine shoppen gehen. Denn 87 Prozent der Frauen finden, dass Einkaufen ohne Mann einfach besser funktioniert.[12] Und eine ganz seltsame Zahl erreicht uns aus Amerika. Dort sind immerhin 40 Prozent sogar der Meinung, dass Shoppen »mehr Spaß macht als Sex«. Und das – kann ja wohl nicht ganz ernst gemeint sein.

---

12 *Umfrage der »Petra«*

84 | WARUM ÄNDERT SIE IHRE FRISUR?

Der Frisurwechsel einer Frau ist immer ein Warnsignal für irgendwas. Bestenfalls will sie nur mal wieder als Mensch wahrgenommen werden, hüpft vor ihrem Mann auf und ab und wackelt mit ihrem raspelkurzen feuerroten GI-Schnitt, der heute früh noch eine blonde lange Mähne war: »Sag mal, fällt dir eigentlich IRGENDWAS AN MIR AUF?« Er: »Nö, wieso? Warte mal ... Doch. Hast du abgenommen?« Das ist irgendwie keine sehr gute Antwort, und hoffentlich findet dieser Dialog nicht in greifbarer Nähe der Küchenmesser statt.

Schlimmstenfalls hat sie schon längst mit der Beziehung abgeschlossen und hatte bloß keine Lust, vorm Friseur wenigstens die Möbelpacker abzuwarten.

Ein radikaler Frisurwechsel bedeutet stets den Beginn eines neuen Lebensabschnittes. Zufriedene Frauen hingegen machen Strähnchen, schneiden Spitzen oder entscheiden sich für sonst irgendetwas Unentschlossenes, das dem Mann ohnehin nicht auffällt. Ganz gefährlich wird es, wenn sie genau weiß, wie sehr er an ihren langen Haaren hängt – und sie dann bewusst und trotzig ohne Rücksprache absäbeln lässt. Motto: »Mein Haar gehört mir.«

Männer würden das bestreiten. Sie haben sich schließlich in eine Schönheit mit langen Haaren verliebt und nicht in einen US-Marine. Selbst die Autoren dieses Buches – er Mann, sie Frau – konnten sich über diesen Punkt ausnahmsweise nicht einigen. SIE sagt: »Klar darf sie das. Ist doch ihr Körper.« ER sagt: »Darf sie nicht. Denn wenn die beiden einen Liebespakt haben, sind wesentliche Veränderungen – also auch ihre Haare – Vertragsbestandteil. Und der ist zustimmungspflichtig.« Aber egal, wer Recht hat: Ein Frisurenwechsel findet niemals ohne Grund statt, und der liegt meistens tiefer als »Die alte gefiel mir eben nicht mehr«.

8. KAPITEL

DIE FRAU UND IHRE PSYCHE

85 | WARUM WILL SIE IMMERZU MIT MIR REDEN?

»Alle Frauen wünschen sich mehr Aufmerksamkeit.« Wenn es gelänge, diesen einfachen Satz in die Gehirne der Männer zu pflanzen, würden die Scheidungsquoten in Deutschland schlagartig sinken. Frauen trennen sich vor allem deshalb von ihren Männern, weil die sie nicht mehr wahrnehmen. Sie wollen reden, weil sie sich davon Aufmerksamkeit erhoffen. Denn wenn einer redet, hört der andere ja (hoffentlich) zu. Das ist der entscheidende, der wichtigste Grund. Jede Frau steht gern im Mittelpunkt! Aber im Alltag hat die Frau ständig das Gefühl: Mir hört im Grunde überhaupt keiner zu. Ich soll nur funktionieren. Jeder kümmert sich hier um sich. Und nicht mal ich kümmere mich um mich. Sie fühlt sich manchmal so, als hätte sie eine Tarnkappe auf dem Kopf. Niemand scheint sie zu beachten. Sie redet und redet in der verzweifelten Hoffnung, endlich wieder einmal wahrgenommen zu werden.

Es gibt noch einen Grund. Frauen haben ein Umleitungsschild im Gehirn. Das hindert sie daran, einfach geradeaus zu reden. Sie gehen immerzu Umwege, auch sprachlich. Sie sind konfliktscheu, legen sich ungern fest und kommen einfach nicht auf den Punkt. Sie reden am liebsten »drum herum«. Und deshalb brauchen sie natürlich auch mehr Worte.

Die Sprache ist für Frauen viel mehr als nur ein Instrument, mit dem sie etwas erreichen können. Ein Mann sagt: »Bitte ein Bier.« Er hat die Sprache benutzt, um seinen Durst zu löschen. Mehr erwartet er nicht von der Sprache. Allenfalls hat er ein Wort zu viel benutzt, denn das Bier hätte er auch ohne »bitte« bekommen.

Die Frau möchte mit der Sprache Blumen und schöne Bilder malen, sie möchte ihre Sehnsüchte und Träume mit Worten ausdrücken und ebenso schöne Worte von ihrem Mann zurückbekommen. »Liebst du mich noch?«, fragt sie und erwartet einen bunten Strauß von Komplimenten und Liebesbeweisen. Der Mann begreift es nicht. Er sagt: »Ja. Warum?«

86 | WIE KOMMT SIE MIT MEINEM SCHWEIGEN KLAR?

Das Schweigen der Männer ist wahrscheinlich Trennungsgrund Nummer eins, aber selbst das wird verschwiegen. Es ist für Frauen eine Qual. Sie hassen es abgrundtief.

Jede Frau möchte – nein, sie MUSS wissen, was in ihrem Mann vorgeht. Was ihn bewegt, worum seine Gedanken kreisen und worüber er sich Sorgen macht. Sie muss an seinem Leben teilhaben. Sonst geht sie ein wie eine Primel. Der Austausch von Gedanken und Gefühlen, das gegenseitige Sich-Einbeziehen und das ganze Miteinander ist für eine Frau das Schmiermittel der Beziehung. Motor ohne Öl = Kolbenfresser. Mann ohne Worte = Ehekiller. So einfach ist das. Nur ahnen das die Männer leider nicht.

Eine Frau spürt ganz genau, wenn irgendwas mit ihm nicht stimmt. Männer können sich meistens nicht sehr gut verstellen. Sie fragt, was mit ihm los ist. Er sagt: »Nichts, wieso?« Er macht dicht. Er ist verschlossen. Er bezieht sie nicht ein.

Sie macht sich Sorgen. Zum einen um ihn, denn sie weiß ja immer noch nicht, was ihn bedrückt. Zum anderen um die Beziehung. Was ist die denn noch wert, wenn er nicht einmal mehr die Probleme mit ihr teilt? Am Himmel der Liebe ziehen dunkle Wolken auf. Sie fragt noch einmal nach: »Hör mal, dich bedrückt doch was.«

Er reagiert leicht ungehalten. »ICH HABE NICHTS.« Sein gereizter Ton ist wie ein Schlag in ihr Gesicht. Sie hat doch nichts getan, außer ihn nach dem Grund für seine Verstimmung zu fragen! Warum spricht er nicht mit ihr? Warum ist er jetzt sauer? Und wozu hat man sich lieb, wenn man nicht füreinander da ist in schweren Zeiten? Sie zieht sich zurück und schmollt. Er schweigt weiter. Ihr fällt ein, dass er erst neulich auch nicht mit ihr sprechen wollte. Und sie wusste doch genau, dass ihn etwas bedrückte. So war es auch, wie sich hinterher herausstellte …

Erste Blitze zucken am Liebeshimmel. Sie ist der Meinung, dass diese nahezu unerträgliche Situation jetzt augenblicklich geklärt werden sollte und macht einen neuen Versuch. Das Unwetter bricht aus, denn diesmal explodiert er und unterbricht sein Schweigen mit der ultimativen Aufforderung, sie möge ihn bitte in Ruhe lassen. Um danach endgültig in die innere Emigration zurückzukehren.

Dieser Zustand kann je nach Gemütslage Stunden, Tage oder sogar Wochen andauern; Frauen haben da unterschiedliche Erfahrungen. Es macht sie wütend, es macht sie krank, und es ist tastsächlich für viele irgendwann einmal ein ernsthafter Trennungsgrund.

Schweigen als Konfliktvermeidung ist fast noch schlimmer für eine Frau. Eine Witwe sagt: »Wenn ich sauer war, hat sich mein Mann auf die Couch gelegt und ist selig entschlafen. Ich hatte manches Mal das Bedürfnis, das große Messer zu holen ... Es macht mürbe, wenn ein Mann nie zurücksteckt, sich nie entschuldigt oder auch nur so tut, als täte es ihm Leid. Jetzt ist er seit 13 Monaten tot. Einfach eingeschlafen. So wie immer.«

Was Männer zu ihrer eigenen Entlastung vorbringen könnten, ist nicht Thema dieses Buches (lesen Sie dazu »Wie Männer ticken«). Die Frage ist, wie sie den drohenden Stress ableiten bzw. den Beziehungsfrieden wieder herstellen können. Und das ist eigentlich gar nicht so schwer.

Frauen erwarten nämlich nicht sehr viel. Sie sind mit Wenigem zufrieden. Sie wollen nur wissen, was los ist! Wiederholen wir deshalb noch einmal die Anfangsszene, nur diesmal mit einem besseren Resultat. Also: Er macht einen bedrückten Eindruck – und sie möchte wissen, was mit ihm los ist.

Sie sagt: »Du hast doch was!« Er sagt: »Stimmt. Ich hatte gerade an die Firma gedacht. Da läuft nicht alles so, wie es soll. Aber ich bin froh, dass ich wenigstens bei dir mal abschalten kann und mich nicht mit dem ganzen Müll herumärgern muss.« Super! Ein glatter Hattrick, ein Dreifach-Erfolg! SIE ist zufrieden gestellt, denn sie hat ihre Antwort – gleichzeitig hat sie noch ein Kompliment bekommen – und drittens hat sie begriffen, wie sie ihm helfen kann in seiner schwierigen Lage: indem sie ihn in Ruhe lässt. Wenn er jetzt noch ein Lächeln hinkriegt und sie in den Arm nimmt, scheint am Ehehimmel wieder die Sonne. Obwohl er doch eigentlich gar nichts von seinen Sorgen preisgegeben hat.

87 | WARUM FRAGT SIE SO OFT: »WORAN DENKST DU GERADE«?

Misstrauisch ist die Frau, neugierig und schlau. In Sachen Mann ist sie die ideale Ermittlerin. Natürlich merkt sie, wenn er gedanklich abschweift. Nur wohin bzw. zu wem, das ist noch offen. Sie beobachtet ihn, hört auf Zwischentöne, merkt sich jede dahingesagte Bemerkung und robbt sich ran an sein Gehirn. Nicht aus bösem Willen oder Eifersucht, sondern einfach so! Weil sie IMMER ALLES wissen muss. Und weil es sie krank macht, irgendetwas NICHT zu wissen. Für sie ist das Liebe (alles teilen = alles mit-teilen).

Die Ermittlungen ihres Gehirns führen nun aber nicht unmittelbar zum gewünschten Erfolg. Ihre letzte Chance ist die direkte Frage. Vielleicht ist er ja naiv genug, wahrheitsgemäß zu antworten, was sie übrigens niemals tun würde! Also: »Woran denkst du gerade, Schatzi?«

»Naiv genug« ist an dieser Stelle das richtige Wort, denn der ehrlich antwortende Mann setzt sich unausweichlich ihrem Zorn aus. Er tappt mit hoher Wahrscheinlichkeit in eine böse Falle. Zum Beispiel war sie gerade dabei, von ihrer Selbsterfahrungsgruppe zu erzählen und er mit seinen Gedanken spürbar woanders. »Woran denkst du gerade, Schatzi?« »Ich glaube, ich weiß jetzt, wie ich den kaputten Lüftungsschlauch im Auto reparieren kann.«

Oje! Falsche Antwort! »ICH erzähle dir von meiner Selbsterfahrungsgruppe und DU denkst an den Lüftungsschlauch??? Ja hörst du mir denn NIEMALS zu??? Interessiere ich dich denn GAR NICHT mehr???« Wäre dies ein Hörbuch, dann würden jetzt Türen schlagen, und von Ferne wäre ein unterdrücktes Schluchzen zu vernehmen.

Kluge Männer hingegen ziehen blitzschnell die einzige stressvermeidende Antwort aus der Frauenversteher-Tasche: »Ach Liebling … Ich dachte gerade daran, wie schön du doch bist …«

88 | WARUM VERSTEHT SIE NICHT, DASS ICH NUR MEINE RUHE WILL?

Tatsächlich fällt ihr das schwer. Zwar begreift sie durchaus, dass ein Mann auch einmal für sich sein möchte, dass er an seinem Hobby hängt, mal nachdenken muss und seinen Freundeskreis pflegen will. Nur: All das möchte sie auch gerne machen! Sie kann aber nicht. Und deshalb reagiert sie mit Unverständnis.

Hinzu kommt, dass eine Frau ganz anders drauf ist als ein Mann. SIE denkt kompliziert und um viele Ecken. ER denkt simpler, aber geradeaus. SIE möchte alles schön haben und sehnt sich nach vollkommener Harmonie; jede kleinste Störung irritiert sie. ER freut sich auch, wenn alles harmonisch zu sein scheint – aber wenn die Harmonie gestört ist, merkt er es nicht. SIE stellt ihre Wünsche und Bedürfnisse gern hintenan. Keinesfalls möchte sie jemanden kränken oder verletzen. ER ist froh, wenn alles einigermaßen im Lot ist und er keine Bedürfnisse äußern muss. SIE möchte sich ständig mitteilen. ER möchte am liebsten seine Ruhe, da haben wir es wieder. SIE fühlt sich stets für alles verantwortlich und bezieht alles auf sich, was nicht funktioniert. Deshalb hat sie ein permanent schlechtes Gewissen. ER fühlt sich nur für das verantwortlich, was zu seinem Aufgabenbereich gehört. SIE interessiert sich brennend für das Schicksal von anderen Menschen. ER möchte davon am liebsten gar nichts wissen. SIE kann Gefühl und Verstand kombinieren. ER kann nur denken oder fühlen, aber nicht beides zusammen. SIE möchte ihn am liebsten nie wieder loslassen, wenn sie liebt. ER möchte sie auch gern festhalten, hält sich aber gleichzeitig einige Optionen offen. SIE möchte stets aufs Neue begehrt und umschwärmt werden. ER ist damit zufrieden, dass sie sich einmal für ihn entschieden hat. Wenn dieses komplizierte Wesen namens Frau nun hört, dass er »nur seine Ruhe« will – dann ist es so, als wenn er eine fremde Sprache spricht.

Ein weiterer wichtiger Punkt: Sie kann schlecht loslassen. Was eine Frau liebt, das möchte sie festhalten, bewahren und aufheben. Am liebsten mit einem Rahmen drum herum. Sie schreibt es in ihr Tagebuch. Sie presst ein Gänseblümchen und legt es zwischen die Seiten. Sie lässt auch ihre Erinnerungen nicht gerne los. Sie klebt Fotos in

Alben und blättert immer wieder in ihnen herum. Sie wünscht sich, ein Band zwischen ihren Gedanken und denen des geliebten Mannes zu knüpfen.

In jeder Frau steckt eine Mutter Teresa. Eine Beschützerin, die gerne Verantwortung für andere trägt. Sie sorgt sich gern. Auf dem Spielplatz springen immer zuerst die Frauen auf, wenn Kinder waghalsig auf einem Gerät herumklettern. Väter bleiben sitzen und lassen die Kleinen ihre Erfahrungen selbst machen. Auch wenn sie schmerzhaft sind.

Ein kranker Mann ist für die Frau ein Glücksfall. Auch wenn sie sich über die zusätzliche Arbeit gern beklagt. Endlich wird sie gebraucht! Endlich findet sie Anerkennung! Kranke Männer sind nicht nur wehleidig, sondern auch dankbar. Da ist sie in ihrem Element.

Loslassen bedeutet, nicht mehr gebraucht zu werden. Weil Frauen ein schwach entwickeltes Selbstbewusstsein haben, sind Anerkennung, Dankbarkeit und vor allem das »Gebrauchtwerden« äußerst wichtig für sie. Und darum können sie es oftmals nicht verstehen, dass ein Mann »nur seine Ruhe haben« will.

89 | WARUM KÖNNEN SICH FRAUEN ALLES MERKEN?

Beginnen wir mit einem Beispiel aus der Tierwelt. Der letzte überlebende Nachfahre der Dinosaurier steht auf der Lichtung und frisst die Blätter von den Bäumen. Er bekommt nur wenig von seiner Umwelt mit. Er merkt sich nichts. Er schaut nur hin und wieder dumm durch die Gegend und ist eigentlich nichts weiter als eine Kaumaschine auf zwei Beinen. So in etwa verhalten sich die Männer.

Ganz anders das scheue, verletzliche Reh. Ständig scannen die großen braunen Augen beim Äsen die Umwelt ab. Stets sind die Lauscher aufgerichtet. Ein winziges Knacken im Gehölz, der Hauch eines fremden Geruches in der Luft – Großalarm! Das scheue Reh springt beim geringsten Anzeichen von Gefahr ins nächste Gebüsch. Es hat alles genauestens registriert und sich alles gemerkt. Das ist notwendig, denn das Reh ist eigentlich schwach. Es ersetzt Bizeps und dicken Panzer durch seine erhöhte Aufmerksamkeit. So in etwa verhalten sich die Frauen.

Das Gehirn einer Frau ist mit einem großen Schrank vergleichbar, der viele Schubladen hat. Alles, was sie wahrnimmt oder vermutet, kommt in so eine Schublade hinein. Es ist sofort geordnet. Sie kann deshalb jede einmal gespeicherte Information oder jeden gefühlten Eindruck herausholen, falls es notwendig erscheint. Aufräumen ist sie ohnehin gewohnt. Auch ihr Gehirn ist aufgeräumt. Sie sammelt Erinnerungen, Düfte, Jahrestage, zufällige Bemerkungen und Gesten.

Obendrein ist sie sehr gut im Kombinieren. Einiges wissen, einiges vermuten und beides zu einem Ganzen verbinden: Das ist typisch Frau. Und genau das ist auch der Grund dafür, warum in manchen Frauen-Illustrierten wöchentlich bis zu zwölf (!) Seiten mit Kreuzworträtseln zu finden sind.

Frauen lieben Kreuzworträtsel! Einiges wissen sie, anderes kramen sie aus den vielen Schubladen hervor und den Rest kombinieren sie sich irgendwie zusammen. Das ist ihre Stärke. Und deshalb sind sie dem Mann auch grundsätzlich überlegen.

Ein Mann braucht gar nicht erst zu versuchen, der Frau seine neue Freundin (wenn er denn eine hat) zu verheimlichen. Er wird es sowieso nicht schaffen. Denn was er vielleicht vor vier Wochen oder mehr über die neue Kollegin erzählt hat, das hat er längst vergessen. Aber seine Frau hat es sofort gespeichert. Dazu kamen einige Indizien, hier ein Haar, dort ein Duft. Ab in den Speicher. Jetzt eine neue, scheinbar unverfängliche Bemerkung. Sie wird sofort mit allem verglichen, was sich sonst noch im Speicher befindet. Blitzschnell wird gescannt. Widersprüche und Ungereimtheiten tun sich auf. Ein, zwei schnelle, harmlos klingende Fragen müssen rasch noch gestellt werden, bingo, den Rest reimt sich die Frau zusammen – sie kombiniert. Außer Miss Marple hätte eigentlich auch Sherlock Holmes eine Frau sein müssen!

Die Frau merkt sich einfach alles, weil genau das ihre Überlebenschance in der Männerwelt ist. Und – weil es sie unentbehrlich macht. Wie viele Männer würden ohne ihre Frau morgens halbblind zur Arbeit gehen, weil sie wieder einmal die Brille nicht finden können! Frauen wissen immer, wo sich die Brille ihres Mannes befindet, zu jeder Tages- und Nachtzeit. Denn wenn ER hilflos ist und SIE helfen kann, dann bekommt SIE ein liebes Wort! Frauen wollen immerzu gelobt und geliebt werden. Also tun sie alles, was ihnen Lob und Liebe bescheren könnte. Sie sind sozusagen des Mannes unentbehrliches Gedächtnis.

Frauen merken sich auch ganz unwichtige Dinge. Sie wissen zum Beispiel immer genau, wo sich die Butter im Kühlschrank befindet (zum Beispiel hinter den Eiern, zweite Ebene links). Ruft man hingegen einem Mann in die Küche hinterher: »Bringst du bitte die Butter mit?«, so öffnet er den Kühlschrank, starrt eine Weile hinein und fragt: »Wo is'n die?«

90 | WARUM IST SIE SO EINE BEDENKENTRÄGERIN?

Weil sie weiter denkt als ein Mann. ER sagt zum Beispiel: »Dieses Auto gefällt mir. Ich möchte es haben. Basta.« SIE sagt: »Was wird uns das Auto kosten? Was könnten wir uns alles leisten, wenn er darauf verzichten würde? Und vor allem: Auf wie viel habe ICH schon verzichtet?«

Eine Frau möchte bewahren, erhalten und beschützen. Gleichzeitig hat sie mehr Phantasie als ein Mann. Deshalb läuft in ihrem Kopf ständig ein Film ab, der von allen möglichen Gefahren handelt. Auf dem Spielplatz bringt sich das Kind in Gefahr? SIE springt als Erste auf. Warum? Erstens möchte sie das Kind natürlich vor Schaden bewahren. Aber zweitens weiß sie genau: Wenn etwas passiert, habe ICH es am Hals. ICH muss mit dem Kind zum Arzt. ICH muss es gesund pflegen.

Hinzu kommt, dass sie von Natur aus weniger risikofreudig ist als ein Mann. Sie hat die Ur-Angst, eines Tages nicht mehr versorgt und ausreichend abgesichert zu sein. Auch das ist leicht zu verstehen. Seit wann gibt es das Wort »Gleichberechtigung«? Seit wann sind Frauen nicht mehr Menschen zweiter Klasse? Erst seit wenigen Jahrzehnten. Aber die Gene, die ihr Verhalten beeinflussen und sie zur »Bedenkenträgerin« machen, die sind viele tausend Jahre alt.

Die »typisch weibliche Bedenkenträgerei« hat auch Vorteile. Aktienfonds, die Frauen vorbehalten sind, gelten als besonders erfolgreich. Weil Frauen erst nachdenken und dann investieren. Wie viele Männer haben in den Neunzigerjahren ihr ganzes Erspartes und womöglich auch noch geliehenes Geld in den Neuen Markt gesteckt, haben sich völlig unkritisch von der allgemeinen Internet-Euphorie anstecken lassen, schon vom ersten fabrikneuen Porsche geträumt und sind anschließend aus dem Olymp ihrer Phantasien grausam in die Realität abgestürzt! Wären ihre Frauen mit den typisch weiblichen, leider nur leise geäußerten Bedenken zu Wort gekommen und ernster genommen worden, hätten sie ihr Geld noch.

91 | WARUM IST SIE SO UNBERECHENBAR?

Weil sie mehrere Dinge gleichzeitig bedenkt und nicht nur das, worüber gerade gesprochen wird. Man kann zum Beispiel einer Frau die Vor- und Nachteile einer weiteren Mehrwertsteuererhöhung erklären, und sie sagt dazu: »Morgen kommt meine Mutter.« Das heißt keinesfalls, dass sie mit den Gedanken woanders ist. Es geht ihr nur erheblich mehr durch den Kopf als die blöde Mehrwertsteuer.

Es gibt noch andere Gründe. Zum Beispiel verfallen viele Frauen circa eine Woche vor ihrer Regel in eine tiefe Sinnkrise. Sie werden dann leicht depressiv und äußerst reizbar. Es ist in diesem Fall vollkommen gleichgültig, was ein Mann sagt. Sicher ist nur, dass er garantiert das Falsche sagt.

Manche Frauen scheinen unberechenbar zu sein, aber eigentlich stimmt das Wort nicht: Sie sind nur überlastet. Kinder, Haushalt und die ganzen anderen Sorgen dazu summieren sich zu einem unüberschaubaren Problemhaufen. Irgendwann wollen die Probleme raus. Geht aber nicht. Soll man die Waschmaschine anschreien oder die Kinder? Also wartet die Frau, bis der Mann nach Hause kommt. Und der – macht auch nur eine einzige Bemerkung, schon knallt's im Karton.

Dann gibt es Frauen, die fühlen sich von ihrem Partner permanent missverstanden. Sie flüchten in ein seltsames Hin und Her aus seelischem Sonnenschein, Platzregen und Regenbogenwetter. Anstatt sich mit ihren Problemen auseinander zu setzen (was Mühe macht), spielen sie lieber die Unverstandene. Frauen sind inkonsequent und konfliktscheu!

Eine typische Frauenantwort zu diesem Thema: »Frauen wollen alle Rollen gleichzeitig spielen. Mal brav, mal aufmüpfig. Mal nörgeln sie, dann entschuldigen sie sich wieder. Sie wollen einfach alles sein: Lieb, schwach, tapfer, stark, clever, anlehnungsbedürftig und Chefin in einem. Sie versuchen, so zu sein, wie sie glauben, dass der Mann sie gern hätte. Das klappt natürlich nicht. Deshalb flippen sie aus, wenn mal eine Socke nicht weggeräumt ist. Und das nennt der Mann dann unberechenbar.«

Männer empfinden den plötzlichen Stimmungswandel einer Frau meistens als schlechte Laune. Was kann man nun dagegen tun?

1.) Versuche niemals, die schlechte Laune mit ihr zu besprechen. Das gäbe nur zusätzlichen Streit. 2.) Vermeide Konjunktiv-Sätze wie »Dann hättest du eben …«, »Du müsstest doch nur mal …« oder »Ich an deiner Stelle würde …«. 3.) Bedauere sie ausführlichst. 4.) Sage ihr mehrfach, wie schwer sie es doch hat. 5.) Frage sie, was du ihr heute von ihren vielen, geradezu unmenschlichen Pflichten abnehmen könntest. 6.) Versöhne sie mit einem kleinen Geschenk. 7.) Biete ihr eine ausführliche Massage an. 8.) Begegne ihrer schlechten Laune mit unerschöpflichem Humor, aber mache dich dabei keinesfalls über sie lustig. 9.) Gib ihr die Fernbedienung. 10.) Versuche ausnahmsweise, dich in sie hineinzuversetzen und so den Grund für ihre schlechte Laune herauszufinden!

92 | WARUM MUSS SIE IMMER LAMENTIEREN UND JAMMERN?

Eine glückliche Frau tut das nicht. Lamentieren und Jammern sind Ausdruck von innerer Unzufriedenheit, von Überforderung und Nichtverstanden-werden. Frauen sind es gewohnt, ihre Probleme entweder zurückzustellen oder zu verlagern. Es fällt ihnen schwer, die Dinge beim Namen zu nennen. Lamentieren und jammern, nörgeln und herumzicken sind stellvertretende Unmutsäußerungen.

SIE war beim Friseur und hat eine neue Frisur. ER kommt nach Hause und merkt es nicht einmal. SIE denkt: Er beachtet mich überhaupt nicht. Er schaut mich gar nicht mehr an. Das erregt ihren Unmut. Es brodelt in ihr.

Nun erzählt er strahlender Laune von seinem erfolgreichen Tag und hat noch nicht einmal gefragt, wie ihr Tag denn so verlaufen ist. Es brodelt noch stärker in ihr. Sie stellt eine Verbindung her zwischen der nicht bemerkten neuen Frisur und seiner augenscheinlichen sonstigen Interesselosigkeit. Es ist nun nicht mehr weit hin, bis sie explodiert. Der arme Kerl jedoch ahnt leider gar nichts von dem drohenden Unheil.

Ganz nebenbei äußert er nun den Wunsch, sich heute abend mit seinen Kumpels zu einem Männerabend zu treffen. Oder er zieht sich vor den Fernseher zurück, um seine Lieblingssendung zu gucken. Oder er macht irgendeine dumme Bemerkung. Für sich alleine genommen, wäre die Bemerkung mit großer Wahrscheinlichkeit vollkommen harmlos. Aber der Topf mit dem brodelnden weiblichen Zorn kocht unversehens über: Sie lamentiert und meint alles zusammen. Er sieht nur den Auslöser und versteht nichts.

Jeder Hausbesitzer weiß: Wasser tritt niemals dort aus, wo es eingedrungen ist. Es sucht sich verschlungene Wege, bevor es tropft. Die Suche nach der undichten Stelle ist äußerst mühsam. Man muss eine Menge Platten von der Decke schrauben, bevor man fündig wird. Ebenso ist es mit weiblicher Nörgelei. Dort, wo sie auftritt, ist nur selten auch die Ursache zu finden. Hier hilft kein Schraubenzieher. Hier muss sich der Mann schon mal Gedanken machen, was wohl wirklich los ist.

Beim Mann erzeugt diese weibliche Charaktereigenschaft ein permanent schlechtes Gewissen. Wahrscheinlich hätte er das nicht, wenn er mehr über seine Frau wüsste. Oft ist es nämlich so: Sie ist unglücklich. Sie kommt einfach nicht dazu, sich selbst etwas Gutes zu tun. Sie ist unzufrieden mit ihrem Leben. Sie hat den »Knast im Hirn«, die Tretmühle der Alltäglichkeit. Und sie ist neidisch auf das, was ER den Tag über erlebt. Neidisch auf seine »Freiheit«.

Der Mann hat eine andere Sicht. Was SIE für beneidenswert hält, das ist SEIN Alltag. Er fühlt sich ihr gegenüber nicht im Vorteil. Er gönnt sich – aus seiner Perspektive betrachtet – doch nicht mal selbst was.

Nun denkt er: Aber heute bin ICH mal dran! Heute kaufe ich mir was Schönes für mein Hobby. Oder sonst irgendetwas, das nur für MICH ist. Oder ich treffe mich mit meinen Kumpels, mache einen drauf und komme vielleicht erst morgen früh nach Hause. Das muss sie mir doch »auch mal« gönnen!

Er versucht es. Aber so richtig genießen kann er nicht. Weil er sie schon wieder nörgeln hört: »IMMER kommst du so spät nach Hause.« »STÄNDIG lässt du mich allein.« »NIE denkst du an mich.« »PAUSENLOS hängst du mit deinen Kumpels ab.« Er hat sozusagen ein vorauseilendes schlechtes Gewissen, für das er SIE schon wieder verantwortlich macht.

Aber was hat sie wirklich getan? Sie hat das Ungleichgewicht in der Beziehung beklagt, so wie sie es empfindet. Sie will überhaupt nicht, dass er ein schlechtes Gewissen hat. Sie will nur das Gleichgewicht der Rechte und Pflichten, der Aufgaben und der Freuden.

Hier gibt es nur eine Möglichkeit: Sie braucht mehr Freiheit für sich! Männer, befreit die Frauen aus dem »Knast im Hirn«! Lasst sie alleine ausgehen! Nehmt ihnen Verantwortung ab und die Kinder, wann immer es geht! Und dann – könnt ihr euch mit euern Kumpels treffen. Ganz ohne schlechtes Gewissen.

93 | WARUM DROHT SIE IMMER UND TUT'S DANN DOCH NICHT?

»Wenn du nicht endlich, dann …«, »Du wirst schon sehen …«, »Irgendwann …« Wenn eine Frau einem Mann droht, dann ist es meistens eine versteckte Bitte um mehr Zuwendung. Das gilt auch für ganz alltägliche Dinge wie zum Beispiel herumliegende Socken! Die Frau ärgert sich gar nicht so sehr über die Socken. Sondern sie ärgert sich über die Missachtung und Herabsetzung ihrer eigenen Person. »Ich bin nicht deine Putzfrau« ist ein klassischer Frauensatz, der nichts anderes ausdrückt als: »Ich bin deine Partnerin, ich möchte deine Prinzessin sein, und bitte behandele mich auch so.« Naja, mal ganz im Ernst, da hat sie nicht so Unrecht: Welcher Mann würde denn einer echten Prinzessin zumuten, seine Socken in die Schmutzwäsche zu werfen?

Und dann droht sie, ihn zu verlassen. Irgendwann. Wegen irgendwas. Das tut sie, weil sie ein sehr inkonsequentes Wesen ist. Sie sagt: »Ich verlasse dich!« Und sie meint: »Ich müsste dir doch wenigstens so viel wert sein, dass du mich nicht einfach so aus deinem Leben verschwinden lässt!« Die Drohung ist eine ewig bimmelnde Alarmglocke.

Jeder Mensch hat schon einmal Frauen beobachtet, die mit einem bockigen Kind auf der Straße stehen. Das Kind will einfach nicht mitkommen. Und die Frau sagt: »Na gut, dann gehe ich jetzt ohne dich. Tschüs!«

Glaubt irgendein Erwachsener, die Frau würde diese Drohung wirklich wahr machen? Natürlich nicht! Sie hofft nur, das Kind möge ernsthaft GLAUBEN, dass es verlassen wird und aus Angst plötzlich artig sein. Mal ganz davon abgesehen, dass Drohungen dieser Art pädagogisch eher umstritten sind: Sie haben dieselbe Qualität wie die oft wiederholten und doch nie wahrgemachten Drohungen gegen den Mann. Es sind Ausdrücke einer verzweifelten weiblichen Hoffnung auf »seine« Besserung.

Übrigens müssten bei Männern alle Alarmglocken klingeln, wenn eine Frau plötzlich mit gar nichts mehr droht. Dies kann nämlich ein Symptom dafür sein, dass sie sich aus der Beziehung schon verabschiedet hat. Wenn sie nicht mehr kämpft, nicht mehr droht und nicht mehr lamentiert, dann hat sie wahrscheinlich schon resigniert. Oder – ihr Mann hat dieses Buch gelesen. Dann ist er jetzt ein Frauenversteher, und sie muss ihm nicht mehr ständig drohen.

94 | WIE IST ES, WENN SIE IHRE TAGE HAT?

Das ist total unterschiedlich! Es gibt Frauen, die haben vor, während oder nach der Regel Bauchschmerzen oder sogar schlimme Krämpfe. Andere leiden überhaupt nicht. Bei manchen Frauen steigt die Lust auf Sex. Bei anderen geht sie gegen Null. Manche Frauen werden reizbar. Andere nicht. Es gibt Frauen, die genießen ihre Tage. Sie fühlen sich dann besonders weiblich. Andere Frauen wünschen sich einmal im Monat, sie wären nie als Frau geboren. Dass Männern aber immer dann, wenn eine Frau sauer ist, keine bessere Bemerkung einfällt als »Haste deine Tage oder was?« – das zeigt, wie wenig Männer von Frauen verstehen.

95 | WARUM ERZÄHLT SIE SO VIEL VON IHREM EX?

Männer behalten ihre vergangenen Geschichten gern für sich; Frauen sind da ganz anders. Für sie ist es ein Liebesbeweis, ihrem Partner alles von früher erzählen zu dürfen. Sie neigen (von einigen Details abgesehen) zu »totaler Offenheit«. Sie wünschen sich einen Mann, dem sie sich »öffnen« können – und der ihnen stundenlang zuhört, wenn ihnen nach Reden zumute ist. Männer haben dann sehr leicht das Gefühl, mit dem Ex verglichen zu werden. Und weil sie Angst haben, dabei schlecht abzuschneiden, möchten sie am liebsten gar nichts davon hören. Falsch! Gelassen bleiben und die ganzen elendigen Geschichten vom Ex über sich ergehen lassen ist auf jeden Fall die weisere Entscheidung.

Man muss allerdings damit rechnen, dass es mit Zuhören alleine nicht getan ist. Hier drohen zwei böse Fallen. Die erste: Vorsicht, wenn man ihre Geschichten kommentieren soll! »Sag doch mal!« »Wie findest du das?« »Ist das nicht unmöglich?« An dieser Stelle hat sich schon manch ein Mann tief ins Schlamassel hineingequasselt. Wenn sie zum Beispiel erzählt, wie fies und mit welchen linken Tricks der Ex sie betrogen hat, dann sollte man keinesfalls in lautes Lachen ausbrechen und rufen: »Geil! Der hat's ja echt drauf!« Man sollte überhaupt und grundsätzlich keine Sympathie mit dem Ex zeigen, sondern immer auf ihrer Seite stehen. Aber das ist nicht leicht, denn Männer neigen von Natur aus zur geschlechtsspezifischen Solidarität. Man sollte sich auch vor Kommentaren hüten wie »Also sooo schlimm, wie du immer sagst, finde ich den ja nun nicht.« Ganz daneben wäre: »Kann ich gut verstehen, das hätte ich an seiner Stelle auch so gemacht.«

Andererseits kann man auch nicht immer nur Ja und Amen sagen zu allem, was sie so vorträgt. Dann glaubt sie nämlich, dass man sich heimtückisch verstellt und kommt sofort auf den naheliegenden Gedanken, dass man insgeheim doch mit ihrem Ex solidarisch ist. Gar nichts sagen, also jeden Kommentar verweigern nach dem Motto »Da halt ich mich raus, das ist dein Ding« – ebenfalls keine gute Idee: Denn jetzt hat sie das Gefühl, man würde sich überhaupt nicht für sie interessieren. Oder man sei ein Depp, der zu nix eine Meinung hat.

Auf jeden Fall herrscht äußerste Gefahr, wenn sie von ihrem Ex zu erzählen beginnt!

Die zweite böse Falle ist eigentlich noch schlimmer. Irgendwann hat sie nämlich nichts mehr zu erzählen, oder sie wird schläfrig. Aber sie ist wahrscheinlich noch wach genug, um die Frage aller Fragen zu stellen: »Und jetzt bist du dran ... Wie war das mit deiner Ex ...? Erzähl doch auch mal ...!« Alarm! Das klingt harmlos, ist es aber nicht. Alles, was man ihr jetzt beichtet, kann gegen einen verwendet werden. Weil sie jede einzelne Geschichte von früher auf ihre aktuelle Beziehung übertragen wird und stets vermutet, dass sie eines Tages das Gleiche mit einem erleben wird. Sich aus dieser prekären Situation verbal herauszuwinden, ist für jeden Mann eine echte Herausforderung und verlangt eine Menge Diplomatie.

96 | WAS KANN SIE AN ANDEREN FRAUEN ÜBERHAUPT NICHT LEIDEN?

Getue, Gehabe, zu lautes Lachen, Kreischen, doof gucken, unmögliche Klamotten, arrogante Blicke, Einschleimen, den Ehemann vergöttern, den schwangeren Bauch wie eine Trophäe vor sich hertragen, nur noch über Kinder reden, alles besser wissen, ungefragt Ratschläge geben, nur von sich selbst erzählen und einfach anders sein. Anders sein? Wie ist das denn nun gemeint?

Jede Frau hat eine klare Vorstellung davon, wie eine Frau zu sein hat. Da ist sie nicht sehr tolerant. Rasch drückt sie einer anderen Frau den Stempel auf: »Diese Pissnelke!« »Diese Zimtzicke!« »Diese blöde Kuh!« »Wie die schon rumläuft!« »Ich KANN sie nicht ertragen!« Die Hausfrau hasst die Karriere-»Tussi«, die »Tussi« hasst das »Heimchen am Herd«, und beide zusammen hassen die Single-Frau, die doch höchstwahrscheinlich – nein, mit tödlicher Sicherheit – auf den eigenen Partner scharf ist. Sowas entscheidet sich in Sekunden. Ein einziger abschätzender Blick und die Frau weiß: Mit der kann ich – mit der kann ich nicht.

Bei ihrem Blitzurteil verlassen sich Frauen auf ihre »vibrations«. Das ist vermutlich so eine Art siebter Sinn. Man kann ganz sicher sein, dass sie ihr Urteil niemals revidieren werden. Weil sie so lange wie Hühner herumhacken, immer und immer wieder, bis sie ihr Urteil bestätigt finden. »Ich hab's doch gleich gewusst!« Dann werden die Augen zu Schlitzen. Die Körpersprache ändert sich bedrohlich. Die Luft brennt. Gleich fängt die Sprinkleranlage unter der Decke zu tropfen an. Man spürt die ausgefahrenen Krallen buchstäblich. Obwohl sich diese beiden Frauen überhaupt nicht richtig kennen.

Es ist absolut sinnlos, darüber zu diskutieren oder auch nur ein schüchternes »Die ist doch ganz nett« in die Debatte zu werfen. GANZ NETT??? Schon richten sich die Krallen gegen den Mann, der wieder einmal nichts begriffen und seine unendliche Dämlichkeit unter Beweis gestellt hat.

97 | WEM WÄRE SIE EIN LEBEN LANG TREU?

Wenn sich ein Mann nach 50 Jahren immer noch so viel Mühe gibt wie nach fünf Wochen, ist die Antwort einfach. Dann ist sie IHM ein Leben lang treu. Keine Frau findet Fremdgehen toll. Bevor sie untreu ist, hat sie ein Defizit in der Beziehung. Und das besteht meistens in zu wenig Aufmerksamkeit, zu wenig Reden, zu wenig Sex und zu wenig Zärtlichkeit. So lange sich die Frau wie eine Prinzessin fühlt, geht sie jedenfalls nicht fremd.

Leider haben nur wenige Frauen das Gefühl, wie eine Prinzessin behandelt zu werden, und dafür brauchen sie auch keine 50 Jahre. Man kann getrost davon ausgehen, dass mindestens zwei Drittel aller Frauen, die man in der Schlange an der Supermarktkasse trifft, unbefriedigt, ungeliebt und im Alltagstrott erstarrt sind. Dass die meisten von ihnen trotzdem nicht fremdgehen, liegt an mangelnder Gelegenheit, an Bequemlichkeit und an fehlendem Mut. Viele Frauen geben sich vorzeitig auf. Sie finden sich mit ihrem Schicksal ab. Eigentlich sind sie schon gestorben, obwohl sie vielleicht noch nicht mal 50 sind. Sie sind innerlich gestorben. Es ist wirklich traurig.

Im Übrigen wäre eine Frau demjenigen Mann ein Leben lang treu, den sie niemals kriegen konnte. Von dem wird sie immer träumen. Auch wenn sie schon sehr alt ist. An den wird sie immer denken. Er ist die verpasste Chance ihres Lebens. Aber sie wird mit ihrem eigenen Partner niemals über diesen Mann sprechen.

Dass fast jede Frau so einen Mann im Hinterkopf hat, liegt auch an ihrer Lust, Vergangenes verklärt zu sehen. Außerdem liebt sie Romane. Und eine Romanze wie bei den Königskindern, die füreinander bestimmt waren, aber wegen irgendeines Hochwassers nicht zueinander kommen konnten – das ist doch der Stoff, aus dem weibliche Träume sind.

98 | DARF ICH SIE GNADENLOS KRITISIEREN?

Das Selbstbewusstsein einer Frau steht auf so wackligem Fundament wie ein Haus, das Kinder im Restaurant aus Bierdeckeln bauen. Schon die Basis ist nicht sehr vertrauenerweckend. Die erste Etage hält sich allenfalls für kurze Zeit. Das Dach ist reine Glückssache. Ein schwacher Hauch oder ein zufälliger Tritt gegen das Tischbein genügen, und alles stürzt wieder ein.

Gnadenlose Kritik ist für eine Frau nicht wie ein Tritt gegen das Tischbein, sondern als ob man den ganzen Tisch umgetreten hätte. Sie verletzt, sie zerstört, sie tötet das weibliche Selbstbewusstsein. Die Frau wird darauf reagieren wie ein waidwundes Tier: mit Wut und Aggression.

Andererseits wünscht sich jede Frau einen »ehrlichen« Mann. Aber »ehrlich« ist für sie nicht dasselbe wie »gnadenlos«. Ehrlichkeit bedeutet für sie: Er drückt seine Gefühle aus. Er ist offen. Er frisst nichts in sich hinein. Und er geht behutsam mit mir um. Wenn er Kritik an mir äußern möchte, dann weiß er sie geschickt in Watte zu packen. Er wird das wacklige Haus meines Selbstbewusstseins niemals einreißen. Sondern er wird mir helfen, einen zusätzlichen Bierdeckel als Träger und Stabilisator einzubauen. Männer untereinander kritisieren sich ständig gnadenlos. »Du wirst immer fetter« ist zum Beispiel ein Spruch, den kein Mann wirklich übel nimmt. Wer dasselbe zu seiner Frau sagt, hat den Nobelpreis für Unsensibilität verdient.

Natürlich will sie schon irgendwie eine ehrliche Antwort, wenn sie ein Kleid anprobiert und fragt »Wie steht mir das?«. Aber sie will die Ehrlichkeit abgestuft und sanft statt frontal und brutal. Das ist schwierig für einen Mann, denn er kann sie mit gnadenloser Ehrlichkeit in ihren Grundfesten erschüttern und für Stunden oder Tage ungenießbar machen. Ihre beste Freundin oder ihr schwuler Freund haben es da viel leichter: Die verstehen mehr von Mode und von der weiblichen Psyche, können ihre Kritik also zum einen mit Fachbegriffen verbrämen (»Das ist schlecht geschnitten, es passt hier am Bündchen nicht«) und zum anderen indirekt ausdrücken (»Suuuuper steht dir das, Liebste! Aber ...«).

99 | WARUM LASSEN SICH SO VIELE FRAUEN SCHLAGEN?

Noch nie gab es so viele Möglichkeiten, sich gegen prügelnde Männer zu wehren. Trotzdem kennt fast jede Frau eine andere, die von ihrem Mann geschlagen wird und kaum etwas dagegen unternimmt. Wie erklären sich Frauen diesen Widerspruch?

Die Antwort einer Frau (42) klingt plausibel, so oder ähnlich drückten es viele andere auch aus: »Frauen, die das mit sich machen lassen, leiden unter tiefen, fest verankerten Schuldgefühlen. Du hast mich provoziert, du hast doch selbst Schuld, solche Vorwürfe fallen bei ihnen auf fruchtbaren Nährboden. Sie haben ohnehin das Gefühl, an allem schuld zu sein. Und genau das hören sie von ihren Männern am Morgen danach.«

Es sind Frauen mit unterentwickeltem Selbstwertgefühl. Und davon gibt es viel mehr, als man denkt. Unsere Interviewpartnerin ergänzt: »Sie funktionieren nach Mustern, die in der Kindheit entstehen: Du bist ein Mädchen, du hast dich unterzuordnen. Dir geschieht es recht.«

Häufig beginnt es damit, dass »der Mann die Frau von ihrem Freundeskreis isoliert«, erzählen die Frauen. »Es ist meistens ein jahrelanger Prozess. Oftmals sind es Männer, die sich anfangs geradezu rührend um die Frau kümmern. Sie machen die Frau abhängig von sich. Es geht ja nicht mit Schlägen los: Vorher steht meistens die psychische Gewalt, das Klein-Machen. Er herrscht, sie liebt.«

»Er ist der Ast, auf dem sie sitzt. Sie hat nicht die Kraft, sich einfach so davon zu lösen.« »Was vorher passiert, kann man oft als Gehirnwäsche bezeichnen. Erst wird die Seele blau geschlagen. Dann der Körper.« »Frauen kommen da nicht so einfach raus. Das ganze System, auf dem man das eigene Leben und die ganze Familie aufgebaut hat, bricht einfach auseinander. Sie würden vor dem Nichts stehen, wenn sie sich trennen. Daran ändern auch die ganzen Hilfsprogramme nicht viel.« »Es ist verdammt harte Arbeit, all das hinter sich zu lassen, was man sich aufgebaut hat und total neu anzufangen. Und dafür fehlt sehr vielen Frauen die Energie. Deshalb lassen sie sich schlagen.«

Erschreckend viele, mit denen wir sprachen, waren selbst schon einmal Opfer von häuslicher Gewalt. Fast alle berichteten, dass die meisten geprügelten Frauen die staatlichen Hilfsprogramme gar nicht in Anspruch nehmen und nach außen hin heile Welt spielen. Warum? »Weil sie es sich selbst nicht eingestehen wollen.« »Weil sie Angst um ihre Kinder haben.« »Geschlagene Frauen haben nicht mehr die Fähigkeit, sich selbst oder anderen zu vertrauen.« »Am nächsten Tag tut es den Männern regelmäßig Leid. Dann geben sie der Frau endlich einmal das, wonach sie sich sehnt: ein wenig Liebe. Sie hofft jedes Mal aufs Neue, dass sich nun wirklich alles ändern wird. Das hofft sie bis zum nächsten Mal ...«

100 | WIE VERSÖHNT MAN SICH MIT IHR?

Gegenfrage: Vor der Versöhnung muss es doch einen Streit gegeben haben? Und das – ist schon mal eine gute Nachricht. Denn wer sich noch streitet, der hat eine Beziehung. Wer keine Beziehung mehr hat, der streitet sich auch nicht mehr. Es gibt eine Menge Frauen, die sich allzu gerne mal wieder mit ihrem Mann streiten würden! Aber da herrscht Sprachlosigkeit. Man redet nicht mehr miteinander. Man streitet nicht einmal mehr.

Zur Versöhnung nach einem heftigen Streit kann der Mann ruhig mit Blumen kommen. Das wird meistens akzeptiert (obwohl es nicht besonders originell ist). Aber viel besser ist es, aus dem Streit eine Konsequenz zu ziehen. Was hat man daraus gelernt?

Mit einer Frau versöhnt man sich am besten, indem man nicht so weitermacht wie bisher. Man kann es gern »durch die Blume« sagen. Jede Frau wünscht sich, dass so ein Streit Folgen hat und für irgendetwas gut war. »Ich habe nachgedacht. Ich werde künftig ...« Und das dann auch tun! Es gäbe gar nicht so viel Streit in der Beziehung, wenn Männer eine Auseinandersetzung ernst nehmen würden. Aber die meisten machen sich die Mühe nicht. Sie sind zufrieden, wenn die Wolken wieder abziehen und »endlich Schluss ist mit der Zickerei«. Das allerdings könnte ein Trugschluss sein!

9. KAPITEL

DIE FRAU UND IHRE GEHEIMNISSE

101 | WARUM GEHT SIE IMMER ZU ZWEIT AUFS KLO?

Das hat einerseits praktische Gründe. Keine Frau hat in ihrem Schminktäschchen alles dabei, was sie vielleicht brauchen könnte. Wenn zwei Männer sich zur Autoreparatur verabreden, sollten ja auch möglichst beide ihre Werkzeugkästen mitbringen! Irgendwas fehlt doch immer.

Andererseits hat es kommunikative Gründe. Auf dem Klo wird ganz schön viel gelästert. Alles wird durchgekaut, was man zuvor im Restaurant erlebt hat.

Zum dritten ist es Gewohnheit. Als die Kinder noch klein waren, ist die Frau auch nicht alleine aufs Klo gegangen. Sondern es war immer jemand dabei, dem man den Hintern abputzen musste. »Komm, wir gehen noch mal auf Toilette!«

Ein vierter Grund ist unterschwelliges Misstrauen. Der Weg zum Klo führt oftmals durch finstere Gänge und man kann nicht wissen, wer in den Kabinen lauert. Zu zweit fühlt sich die Frau in einer fremden Toilette ganz zweifellos wohler als alleine. Also wundern Sie sich nicht, wenn Ihre Frau aufs WC verschwindet und ihre Freundin urplötzlich ebenfalls ein menschliches Rühren verspürt: Das ist alles vollkommen normal.

102 | VERSCHWEIGT SIE MIR IHRE INKONTINENZ?

Freundinnen untereinander gehen mit diesem intimen Thema recht locker um. Da fallen schon mal deftige Sprüche wie »Jeder Nieser ist ein Gießer«, »Wir sind zwar nicht mehr ganz dicht, dafür aber für alles offen« oder »Lieber inkontinent als gar nix Warmes zwischen den Beinen«.

Das Thema betrifft ja viele. Jede fünfte Frau zwischen 25 und 39 Jahren kann ihre Harnblase nicht richtig kontrollieren, und ab 40 trifft es sogar jede dritte Frau.[13] Die Ursache ist eine Schwächung der Beckenbodenmuskulatur, die oft erst nach Schwangerschaft und Geburt auftritt.

Unter Freundinnen ist es also kein Tabuthema. Mit Männern sprechen Frauen aber nicht gerne über ihre Inkontinenz. Nicht einmal eine von drei würde das tun. Die anderen verschweigen das Dilemma mit der Blase sogar dem eigenen Frauenarzt, wie eine Umfrage ergab! Und deshalb kann es gut sein, dass der eigene Mann auch nichts davon erfährt.

---

13 Quelle: »BILD am Sonntag«, 28.5.2006

103 | IST SIE ÜBERHAUPT BINDUNGSWILLIG?

75 Prozent aller weiblichen Singles bezeichnen sich selbst als »bindungswillig«. Geht man davon aus, dass sich viele selbst belügen, geht die Zahl vermutlich tatsächlich nahe 100 Prozent. Partnerschafts-Forscher sehen aber ein neues Problem auf ledige Frauen zukommen, das mit dem Bildungsniveau zu tun hat: Immer mehr Frauen haben nämlich eine qualifizierte Ausbildung – aber von dem alten Brauch, sich bei der Männerwahl »nach oben« zu orientieren, haben sie sich noch längst nicht verabschiedet. Das heißt: Instinktiv suchen sie einen Mann, der auf der sozialen Leiter über ihnen steht. Das aber ist verhängnisvoll. Denn je besser sie selbst ausgebildet sind, desto kleiner wird der verfügbare Kreis von Männern!

Laut »Focus« macht diese »Geschlechter-Arithmetik« die Suche nach dem richtigen Partner zunehmend schwieriger: »92 Prozent aller Frauen ehelichen einen höher oder gleich gebildeten Mann«, so der Bamberger Familienforscher Hans-Peter Blossfeld. »Durch die Bildungsexpansion gibt es aber immer mehr hoch qualifizierte Frauen – die nicht genug kompatible Partner finden.« In diesem Punkt müssen Frauen also dringend umdenken. Wie wär's mit »Oberärztin heiratet Krankenpfleger« statt »Oberarzt heiratet Krankenschwester«? »Professorin heiratet Lieblingsstudenten« oder »Unternehmerin verliebt sich in ihren Lagerarbeiter« klingt doch auch nicht schlecht …

104 | WORÜBER SPRICHT SIE MIT IHREN FREUNDINNEN?

Die drei häufigsten Themen sind: Erstens Männer, zweitens Männer und drittens natürlich Männer. Und wenn sich nun ein Mann besorgt fragt: Aber sprechen die denn wirklich über ALLES?, so heißt die Antwort: Ja, sie sprechen über alles.

Ein viertes sehr beliebtes Thema im Kreis der besten Freundinnen sind Frauen, die gerade nicht anwesend sind. Frauen lästern für ihr Leben gern. Und es gibt immer etwas zu lästern. Wie DIE sich wieder angezogen hat! Wie DIE ihren Kerl anhimmelt! Wie DIE über andere lästert! Was DIE wieder zu tratschen hatte! Dann geht es garantiert noch um neue Klamotten und neue Beauty-Trends. Jede hat irgendwo etwas gelesen, etwas getestet, etwas als Probe bekommen oder sich etwas sündhaft Teures gekauft, das die anderen brennend interessiert. Über Beauty-Themen können Frauen länger und intensiver diskutieren als Männer über Fußball und Formel 1 zusammen!

Neue Kochrezepte sind ein Hit in jeder Frauenrunde, ebenso die klugen Haushaltstipps aus Omas Nähkästchen. Sollte auch dieses Thema erschöpfend behandelt sein, geht es richtig ans Eingemachte: Träume und Wunschvorstellungen aller Art. Erotische sind davon keineswegs ausgenommen. Wenn Männer da mal Mäuschen spielen könnten, würden sie garantiert rote Ohren bekommen!

Zwischendurch hat jede Freundin Geschichten aus ihrer Firma zu erzählen. Klatsch, Karriere, Kantine, Kollegen ... Ist dann noch Zeit, geht es um Gesundheit und Arztbesuche. Die Kinder sind sowieso ein großes Thema. Aber dann geht es schon wieder um irgendein Schönheitsproblem. Und wenn alle mit allem durch sind, landen sie wieder dort, wo sie angefangen haben: bei den Männern.

105 | HÄLT SIE ALLE MÄNNER FÜR DOOF?

Nein, das tut sie nicht. Aber sie fragt sich ziemlich häufig, warum Männer so begriffsstutzig sind. Warum sie kleine Warnsignale ignorieren und immer erst dann aufhorchen, wenn es zum großen Krach kommt. Als Frau ist sie doch auch in der Lage, Zwischentöne wahrzunehmen!

Weiterhin ist ihr unerklärlich, warum Männer ganz andere Prioritäten setzen, als sie das tut. Warum muss man Fußball so unglaublich ernst nehmen? Was ist so wichtig daran, dass man dafür eine Familienfeier sausen lassen muss – wenn man doch das Spiel ebenso gut abends im TV anschauen kann?

Manchmal hält sie Männer für unglaublich inkonsequent. Wie kommt es, dass er im Werkzeugregal penible Ordnung hält und in der Wohnung die benutzten Socken herumliegen lässt? Wenn Frauen unordentlich sind, dann sind sie es überall!

Und dann geht ihr nicht in den Kopf hinein, warum Männer so wenig Wert auf »Schönes« legen. Sie könnte von jedem Einkauf irgendetwas mitbringen, was man nicht unbedingt braucht – was aber einfach hübsch aussieht und dem Wohlbefinden dient. Wenn ER dann missmutig dreinschaut und sagt: »Musste das denn sein?«, dann findet sie das tatsächlich – ein bisschen doof.

106 | WENN SIE NEIN SAGT, MEINT SIE DANN NEIN ODER JEIN?

Es gibt zwei Wahrheiten. Die eine geht so: Viele Frauen sagen Nein und meinen eigentlich Ja, weil sie sich nicht trauen. Hinterher tut es ihnen dann Leid. Fast jede hat so eine Geschichte im Hinterkopf, an die sie noch Jahre später denkt: Hätte ich damals doch nur Ja oder wenigstens Jein gesagt!

Frauen sind von Natur aus Bedenkenträgerinnen. Sie schätzen Risiken und Nebenwirkungen stets höher ein als den möglichen Genuss. Hört man als Mann also ein Nein, so muss man deshalb die Flinte noch lange nicht ins Korn werfen. Aber genau das tun viele Männer. Sie denken: »Ach so. Die will also nicht. Hat sie gesagt. Na, dann hake ich sie ab.« Und schon ist die Chance vertan. Möglicherweise ist es ein riesiges Missverständnis! Viel besser ist es, ein Nein als »heute sage ich Nein« zu akzeptieren. Jetzt muss man sich was einfallen lassen! Man muss sie überraschen! Und ihr zeigen, dass man es ernst meint! Dann kann aus einem Nein durchaus ein Jein und aus dem Jein am Ende doch noch ein Ja werden.

Die zweite Wahrheit ist noch viel einfacher, aber man kann es trotzdem nicht oft genug wiederholen: Wenn eine Frau in sexueller Hinsicht Nein sagt, dann heißt das Nein. Und zwar ohne Wenn und Aber. Zumindest – für diese eine Nacht.

107 | WAS FINDET SIE ROMANTISCH?

Alles, was ihre geheimen Sehnsüchte stillt, findet sie romantisch. Das ist die einfachste Formel. Sie möchte gern eine Prinzessin sein – also findet sie alles romantisch, was sie für einen Moment oder gar für eine ganze Nacht zur Prinzessin macht. Sie hat schon lange einen unerfüllten Wunsch – dann wird sie es romantisch finden, wenn er ihn erfüllt. Sie möchte so gern einmal überrascht werden, vielleicht nur mal zwischendurch mit einem kleinen Liebesbeweis – dann ist das romantisch für sie.

Jede Frau träumt davon, für einen Mann einzigartig zu sein. Wenn sie das gezeigt bekommt, findet sie es total romantisch. Ob er nun kleine Zettelchen in der Wohnung versteckt, auf denen er seine Liebe beschreibt, oder ob er eine Rose hinter ihren Scheibenwischer klemmt, ob er ihr nachts die Sterne zeigt, unverhofft einen Tisch in ihrem Lieblingsrestaurant reserviert oder ein kleines Geschenk in Wasser versenkt und dieses im Tiefkühlfach einfriert, so dass sie es erst einmal auftauen muss: Ganz egal. Alles, was ungewöhnlich und nur für sie ist, findet sie romantisch. Ein kluger Mann findet deshalb erst einmal heraus, was sie für geheime Sehnsüchte hat. Die zu stillen, ist meistens gar nicht schwer. Aber der Erfolg ist überwältigend.

108 | WORAN MERKE ICH, DASS SIE NUR MEIN GELD LIEBT?

Zweifellos gibt es Frauen, die Männer gnadenlos abzocken. Das kann man leicht herausfinden, indem man ihre früheren Beziehungen einer genaueren Betrachtung unterzieht. War sie schon mehrmals mit Männern zusammen, die ihr »einiges bieten« konnten? Und hat sie sich dabei von Mann zu Mann finanziell verbessert? Das ist dann keinesfalls ein gutes Zeichen und könnte Rückschlüsse darauf zulassen, dass sie zumindest ein gewisses materielles Anforderungsprofil im Kopf hat. Auch die Sucht nach angesagten Labels ist kein positives Signal, sondern sollte einen Mann hellhörig werden lassen.

So viele Männer mit Geld gibt es heute ja gar nicht mehr, sondern fast allen geht es ziemlich schlecht. Deshalb ist es nicht verkehrt, sondern klug und auch durchaus glaubhaft, wenn man die eigene finanzielle Situation ein wenig schlechtredet. Wie wird sie darauf wohl reagieren? Eine Frau, die nicht das Geld des Mannes liebt, wird sofort konkrete Einsparungspläne entwickeln und die Beziehung keinesfalls deshalb in Frage stellen. Im Gegenteil.

109 | WORAN MERKE ICH, OB SIE LÜGT?

Keine einzige Frau hat ihren Mann schon jemals belogen. Jedenfalls nicht, wenn man sie danach fragt. Allein aus diesen einhelligen Antworten kann man schließen, dass Frauen der Wahrheit nicht unbedingt verpflichtet sind. Sie schummeln halt gern ein bisschen und fummeln so lange an ihren eigenen kleinen Schwächen herum, bis man sie kaum noch wahrnehmen kann. Das gilt ja schließlich auch fürs erste graue Haar und für das erste Fältchen.

Also lügen tun sie nicht, und wenn, dann war es allenfalls eine »Notlüge«, und das klingt ja schon fast wie »Notwehr«, die einen bekanntlich vor Gericht straffrei ausgehen lässt. Ein bisschen »schwindeln«, ein bisschen »übertreiben«, ein bisschen was »drehen« und »nicht immer alles gleich auf den Tisch packen«, das ist doch okay. Aus dem sündhaft teuren Fummel im Nachhinein ein sensationell preiswertes Schnäppchen machen, vom Haushaltsgeld geschickt was abzwacken und beiseite legen: Ja, welcher Mann wird das denn ernsthaft als »Lügen« bezeichnen?

Es gibt zwei Frauentypen. Die einen können nicht so gut lügen. Wenn sie es trotzdem mal versuchen, dann beschäftigen sie sich garantiert gleichzeitig mit irgendetwas anderem. Sie räumen zum Beispiel eifrig den Tisch ab oder den Geschirrspüler ein, müssen unbedingt jetzt gleich die Blumen gießen oder mal eben im Bad verschwinden und schwindeln von dort weiter – durch die angelehnte Tür sieht er ja nicht, dass sie gerade ein bisschen rot werden. Keinesfalls schauen sie ihm beim Lügen in die Augen. Und ihr Herzschlag erhöht sich bis knapp vor Kollapsgefahr. Uff, das ist ja gerade noch mal gut gegangen, so freuen sie sich hinterher. Der Kerl hat echt nichts gemerkt. (Bis er dieses Buch gelesen hat! Dann schon.)

Dem zweiten Frauentyp merkt man überhaupt nichts an. Zu dem gehört die eiskalte, gewissenlose, professionelle Lügnerin. (Jede Frau kennt so eine! Garantiert! Sie findet das furchtbar, denn wie kann man bloß ...? Der ARME Mann! Und er ist doch so GUTHERZIG! Sie selbst würde das natürlich NIEMALS machen.) Die Profi-Lügnerin setzt sich bei ihrem Mann auf den Schoß und schaut ihm direkt in die Augen, während sie eine absolut frei erfundene Story erzählt. Bei einem Widerspruch ertappt, wechselt sie die Argumente wie das Chamäleon die Farbe und behauptet glatt, sie hätte eben gerade etwas völlig anderes erzählt. Der Mann habe mal wieder nicht richtig zugehört, wie so oft.

Nur in der äußersten Not gibt die Profi-Lügnerin zu, vielleicht nicht ganz die Wahrheit gesagt zu haben – um im gleichen Moment eine Entschuldigung mitzuliefern, die sie umgehend wieder im allerbesten Licht erscheinen lässt. Zum Beispiel »Ich wollte doch nur verhindern, dass du mit mir schimpfst«, »Immer bist du so gereizt«, »Du hättest mich ja doch nicht verstanden«, »Ich wollte dich damit eben nicht belasten«, »Das sollte doch eine Überraschung werden« oder »Wenn du nicht so eifersüchtig wärst, hätte ich es ja gleich zugegeben«.

Sie kämpft sich durch den Dschungel ihrer Lügen wie durch einen Irrgarten, gibt niemals auf, sucht immer eine neue Abzweigung und findet am Ende garantiert einen Ausweg. Denn die Profi-Lügnerin verfügt über noch mehr Fähigkeiten als nur über die, einem direkt ins Gesicht zu flunkern. Sie hat auch ihren Körper und ihre Mimik unter Kontrolle. Sie wird nicht erröten, sie schlägt nicht die Augen nieder, und sie geht im entscheidenden Moment blitzartig zum Angriff über, um sich nicht weiter verteidigen zu müssen. Es folgen bitterliche Sätze, die das Herz eines Mannes erweichen können und die meistens mit Worten wie »Immer bist du so …«, »Nie verstehst du mich …« oder (auch gern genommen) »Wenn du doch nur mal …« anfangen.

Gleichzeitig ist die Profi-Lügnerin imstande, ihre Tränen ganz nach Belieben und sozusagen auf Knopfdruck fließen oder versiegen zu lassen. Erst zittert die Stimme, dann füllen sich die Augen, dann tropft es auch schon. Ein Mann, der ihr jetzt noch angesichts des unendlichen Leides widerstehen könnte, der hätte ein kaltes Herz. Aber andererseits: Er würde nicht so oft nach Strich und Faden belogen.

Um eine Frau beim Lügen zu erwischen, muss man sich einige weibliche Eigenschaften zulegen. Frauen merken sich zum Beispiel viel mehr als Männer. Sie hören auf Zwischentöne. Sie speichern kleine Randbemerkungen ab und können jederzeit auf sie zurückgreifen. Für den Mann gilt das »gesprochene Wort« – also das, was er hört. Für die Frau gilt ein Mix aus gesprochenen Worten, Eindrücken, Gerüchen, Empfindungen und Erinnerungen inklusive früheren Ungereimtheiten, allgemeiner Lebenserfahrung und einem natürlichen Misstrauen gegenüber allem. Darum ertappt sie einen Mann viel schneller beim Lügen als er sie. Frauen sind einfach komplexer und nicht so simpel. Der Mann hat nur eine Chance: Er muss ein bisschen so werden, wie sie schon lange ist.

110 | WIE HÄTTE SIE MICH GERN?

Das ist ganz einfach: Sie hätte ihren Partner gern so, wie er früher war. Als sie sich in ihn verliebt hat. An diese Zeit sollte sich jeder Mann ab und zu erinnern und sich kritisch fragen: Wie habe ICH mich eigentlich seitdem zu meinem Nachteil verändert?

Natürlich entwickeln sich beide Partner in einer Beziehung weiter. Das ist auch gut so. Stillstand ist Rückschritt. Aber in vielen Beziehungen entwickelt sich nur einer weiter, und der andere bleibt stehen. Oder er entwickelt sich sogar zurück. Da prickelt nichts mehr, da ist kein Schwung mehr drin. Wo früher eine geradezu magische Anziehungskraft herrschte, regiert jetzt nur noch die pure Langeweile. Der Alltag hat die Liebe getötet. Erotik ist der Routine gewichen. Das Feuer, das einstmals brannte, ist nur noch eine glimmende Glut.

Wer diese Warnsignale erkennt, der hat gute Chancen. Wer die Glut zu Asche erkalten lässt, der hat verloren.

Keine Frau wünscht sich ein Weichei, das ihr ständig nach dem Mund redet. Der Mann darf (und soll sogar) Kanten und Ecken haben. Aber er muss Verständnis für sie aufbringen, er muss auf sie eingehen und ihr zuhören können. Er muss ihr das Gefühl geben, dass sie für ihn wichtig ist. Und dass er an ihrer Seite steht – ganz egal, was passiert.

Die Frau hätte außerdem gern einen Partner, der keine Belastung für sie ist. Sondern eine echte Entlastung. Was die Kinder angeht und den Haushalt und all die anderen Dinge, die sie (womöglich noch neben dem Beruf) zu managen hat. Die meisten Frauen fühlen sich nämlich echt überlastet. Also: Sei mal wieder so wie früher, bring neue Spannung in die Liebe, interessiere dich für sie und entlaste sie. Dann klappt's auch wieder.

111 | WARUM HAT SIE ÜBERHAUPT GEHEIMNISSE VOR MIR?

Sie fürchtet, dass sie missverstanden wird und etwas Kostbares zerstört werden könnte. Damit hat sie vollkommen Recht. In den Tiefen ihrer komplizierten Seele gibt es nämlich Sehnsüchte und Träume, die einem Mann einfach nicht vermittelbar sind. Und wenn er sie je erfahren würde, gäbe es Stress. Denn er bewertet mit realen Maßstäben, was nicht messbar ist und argumentiert gegen Emotionen, die sich jedem Argument entziehen. An dieser Stelle ist es Zeit, ein Märchen zu erzählen.

Es war einmal ein kleines Gespenst. Das lebte in einer tiefen Höhle. Es gab nur einen Menschen, der von ihm wusste. Das war eine Frau. Hin und wieder kam sie vorbei und spielte mit ihm. Sie erzählte niemandem von ihrem kleinen Freund in der Höhle. Aber um nichts auf der Welt hätte sie auf ihn verzichten mögen.

Eines Tages kriegte ihr Mann doch irgendwie Wind davon. Vielleicht hatte er ja heimlich in ihrem Tagebuch geschnüffelt. Oder sie sprach im Schlaf. Jedenfalls wollte der Mann das Gespenst unbedingt einmal sehen. Er verkleidete sich mit den Sachen seiner Frau, schnappte sich vorsichtshalber einen Knüppel, schlich zu der Höhle und rief das kleine Gespenst nach draußen. Dann bekam er einen Riesenschreck und haute dem Gespenst vor lauter Angst den Knüppel auf den Kopf.

Das Gespenst zerfloss irgendwie. Rasch fing der Mann die Flüssigkeit auf und brachte sie in ein Labor. Ein Chemiker untersuchte sie und sagte: »Sie besteht aus Wasser und etwas Salz, so ähnlich wie Tränenflüssigkeit. Aber sonst ist da nix drin.« Da kippte der Mann die Flüssigkeit in den Ausguss, denn er wusste nichts mit ihr anzufangen.

Capito? Das Gespenst sind die Träume und Sehnsüchte einer Frau. Der Mann mit dem Knüppel ist ein Dummkopf. Und der Chemiker hat Recht: Totgeschlagene Träume werden zu Tränen.

112 | GLAUBT SIE WIRKLICH AN HOROSKOPE?

Manche Frauen fragen häufiger die Sterne um Rat als ihren Mann. Sie würden nicht einmal ein Paar Schuhe kaufen, ohne sich vorher über den Stand von Mars und Venus zu informieren. Aber die meisten lesen Horoskope mit einem kleinen Augenzwinkern und trauen ihnen nur dann, wenn sie gute Nachrichten verkünden. Sicher ist: Keine Frau kommt an einem Horoskop vorbei, ohne auf ihr eigenes Sternzeichen zu schielen.

Jede hat tausend angstvolle Fragen, die ihr niemand mit dem Verstand beantworten kann. Tausend Vermutungen über fremde Mächte, die vielleicht ihr Schicksal bestimmen. Eine Frau hat ganz zweifellos die besseren Antennen für Zwischentöne, Schwingungen und Übersinnliches – aber genau diese Antennen machen sie auch empfänglicher für Unheimliches, Dunkles und Furchterregendes.

Horoskope, Kristallkugeln, Gummibärchen-Orakel, Wahrsagen, Tarotkarten legen, Kaffeesatz- oder Handlesen und was es da noch alles gibt: Es passt so wunderbar zu den drei weiblichen Haupteigenschaften UNSICHERHEIT, SEHNSUCHT und NEUGIERDE.

UNSICHERHEIT. Schwebt ein Damoklesschwert über meiner kleinen heilen Welt? Wird mich mein Partner verlassen? Gehe ich den falschen Weg? Was soll ich tun? Kann eine Krankheit mein Glück zerstören? Soll ich kämpfen oder resignieren? Wem kann ich trauen? Welche Dämonen lauern da draußen auf mich? Liebt er mich noch? Wer bin ich wirklich? Wie sehen mich die anderen? Was tuscheln sie über mich?

SEHNSUCHT. Finde ich die große Liebe? Werden meine Träume wahr? Wird mich jemals ein Mensch verstehen? Werde ich reich oder berühmt oder sogar beides gleichzeitig? Kriege ich Kinder? Werde ich eine Prinzessin oder ein Aschenputtel sein? Bin ich schön? Bin ich glücklich? Kenne ich meine Sehnsüchte überhaupt?

NEUGIERDE. Was bringt mir die Zukunft? Was verheimlicht mein Mann? Hintergeht mich meine Freundin? Habe ich einen heimlichen Verehrer? Werde ich eines Tages so wie meine Mutter? Was bedeuten meine Träume? Welche Geheimnisse hat meine Nachbarin? Und welche Überraschungen hat das Leben für mich parat? Man kann die weibliche Leidenschaft für Horoskope auch so erklären: Männer vertrauen dem, was sie sehen. Frauen misstrauen dem, was sie nicht sehen.

113 | WARUM MACHT SIE JEDEN PSYCHOTEST?

Weil sie sich gerne mit sich selbst beschäftigt und sich trotzdem ständig mit anderen Frauen vergleicht. Am liebsten würde sie zu allen möglichen Themen ein Orakel befragen: »Spieglein, Spieglein an der Wand: Wer ist die Schönste (Begehrenswerte, Begabteste, Intelligenteste, Gebildetste, Liebenswerteste) im ganzen Land?« Bin ich eine gute Chefin, Liebhaberin, Mutter, Kollegin, Freundin? Natürlich weiß sie, dass zehn Fragen eines Blitz-Psychotests ihr keinerlei Fakten vermitteln können, die sie nicht ohnehin schon über sich wusste. Aber es macht ihr einfach Spaß, über sich selbst nachzudenken. Zumal sie beim Psychotest so wunderbar schummeln und sich die Realität ein wenig zurechtbiegen kann! Denn sie erkennt ja schon an den Fragen, wie sie die höchste Punktzahl erreicht. »Spionieren Sie Ihrem Mann hinterher, a) immer, b) manchmal, c) nie?« Es gibt keine Frau, die a) ankreuzt. Auch wenn sie gerade (genauso wie jeden Tag) seine Jackentaschen auf der Suche nach irgendeinem verdächtigen Indiz gefilzt hat.

Einen gut gemachten Psychotest erkennt man an der Frage in der Überschrift. Es ist aus gutem Grund eine Frage, die sich jede Frau ohnehin stellt und die irgendeinen Nerv trifft, eine Ur-Unsicherheit, ein existentielles Problem. Den Psychotest auszufüllen und anzukreuzen, ist für Frauen dann eine ausgesprochen entspannende, unterhaltsame Tätigkeit und keinesfalls verlorene Zeit. Es versetzt sie in diesen angenehmen Gefühls-Mix aus Spaß, dem Genuss von Entertainment und spielerisch dargebotener Ernsthaftigkeit genau in der Mitte zwischen »Was die sich da aber auch wieder ausgedacht haben« und »Wollen doch mal sehen, wie ich selbst abschneide«. Ein wahrhaft harmloses Vergnügen!

114 | WARUM GEHT SIE SO GERN AUF TUPPER-PARTYS?

Die Frau als solche hockt gern mit anderen Frauen zusammen und krakeelt über dies und jenes. Genau: Das gute alte »Kaffeekränzchen«. Männer machen das doch auch! Sie sitzen ganze Abende im Vereinshaus zusammen und debattieren stundenlang, halten irgendwelche Vorstandswahlen ab und tun fürchterlich wichtig. Natürlich ginge das alles per E-Mail viel schneller, aber das ist eben doch nicht dasselbe.

Bei Frauen gibt es nun ein Problem. Ihre Welt wird nämlich immer anonymer. Das angenehme heimelige Nachbarschaftsgefühl ist einfach nicht mehr da. In den Großstädten kennt man sich ja kaum, obwohl man in demselben Haus lebt. So richtig gute Freundinnen sind rar. Eine vielleicht oder zwei, aber doch kein »Kränzchen«. Die Frauen passen entweder nicht zusammen, oder sie wohnen zu weit auseinander, oder sie würden sich doch nur gegenseitig anzicken. Also bleibt die Frau allein, kümmert sich um den Haushalt und die Kinder und um ihren Job, wenn sie einen hat. Im Grunde ist sie aber einsam.

Und nun gibt es da eine, die sagt: »Hey, kommen Sie doch mal übermorgen bei mir vorbei! Da sind noch fünf andere Frauen hier aus der Nachbarschaft, jede bringt was mit und wir machen eine Tupper-Party.« Au ja. Das ist genau, was ihr fehlte! Mal rauskommen. Mal andere Frauen kennen lernen. Ganz ohne Zwang. Man sitzt ja nicht zusammen, um sich auf Krampf zu unterhalten, nein: Das Ziel ist die Vorstellung von einigen neuen Dingen, die man vielleicht ganz gut gebrauchen könnte, und hinter diesem Ziel kann man sich wunderbar verstecken. Man kann erst mal zuhören, die anderen beobachten, muss gar nichts sagen und wenn man sich wohlfühlt – dann geht man kess aus sich heraus. Also genau die Atmosphäre, die Frauen lieben. Es war eigentlich eine geniale Idee, die Tupperware durch Frauen an die Frau zu bringen.

Dann sitzen sie zusammen. Die eine hat Kuchen gebacken, die andere bringt Kekse mit, die dritte ein halbes Pfund Kaffee, und man selbst brilliert durch die erstklassige Mousse. Dass Schwiegermama die gemacht hat, weiß ja keiner. Hier ein Häppchen, da ein Schwätzchen. Man kommt so ins Gespräch, man kommt sich näher, man freut sich und kein Mann stört weit und breit. Das ist für viele Frauen ein richtiger Ausbruch aus dem Einerlei des Alltags!

Nun geht es los. Die Tupper-Dame erzählt, was es so alles Neues gibt in der wundersamen Welt der Tupperware. Salatschüsseln, Pfeffermühlen, Schalen in allen Formen und Größen, den »Vitaminspion«, die »Servierlady«, die »Schärfmaus«, den »Quickchef« und wie die Dinger alle heißen. Die »Süße Müllerin« ist fürs Verstreuen von Schoko-Krümeln oder Puderzucker auf den Kuchen, im »Saladin« hält sich der Salat mindestens doppelt so lange frisch wie in einer normalen Schüssel. Mit der »Kleinen Schweizerin« kann man Tortenstücke sowohl schneiden als auch heben, wie hat man das eigentlich bisher gemacht, ohne die »Kleine Schweizerin«? Im »Kleinen Schlumpf« gibt man dem Kind was zu trinken mit für den Tag, und der »Große Schlumpf« ist für den Papi. Den steckt man ihm in den Aktenkoffer, und daneben kommt die Aufbewahrungsdose »Großer Buchhalter« in elegantem Weiß mit blauem oder grünem Deckel. Wie genial, wie praktisch, und zweifellos auch ganz schön blöd. Aber trotzdem.

Man schaut sich die Sachen an und überlegt so hin und her: Könnte man das gebrauchen? Wo wäre denn der Platz dafür? Sollte man sich so was gönnen? Was würde dafür aussortiert? Man will nicht protzen und nicht knauserig dastehen, so eben gerade in der Mitte, wie die anderen auch. Natürlich würde man im Kaufhaus niemals bei einer Pfeffermühle oder einer Servierlady stehen bleiben, man wäre überhaupt nicht interessiert, denn Erstere hat man schon und letztere hat man eigentlich noch nie vermisst. Aber es ist halt NETT hier.

Derweil wird wieder etwas Konversation betrieben, über Kindergärten und Schule, die Männer und Mode, und was es sonst noch alles an Themen gibt. Vielleicht findet man Gemeinsamkeiten, vielleicht ist man nur höflich. Alles ist unverbindlich, aber auf jeden Fall nett. Es ist ein Nachmittag so RICHTIG nach dem Geschmack der Frau! Und wenn sich daraus eine nette nachbarschaftliche Freundschaft ergibt, warum denn nicht? Tja, that's Tupper ...

Es gibt allerdings auch Frauen, die angesichts von Tupperware einfach nicht Nein sagen können. Sie müssen wie unter Zwang alles haben, was auf den Markt kommt. Tupper stapelt sich in ihren Küchenschränken, bis nichts mehr hineinpasst. Danach breitet sich Tupper krakenmäßig im Keller aus. Es herrscht eine überpeinliche Ordnung auf diesen Plastikbergen, denn bei Tupper passt immer eins genau ins andere – sofern man die Deckel richtig ordentlich draufsetzt. Das Sammeln von Tupperware – und das ist nicht übertrieben – kann Suchtcharakter annehmen. Ein Fachwort dafür gibt es noch nicht, aber da man bei krankhafter Sammelsucht vom »Messie« spricht, könnte man hier vielleicht den Begriff »Tuppi« einführen. Was sich eher belächelnswert liest, kann – wie jedes andere Extrem auch – durchaus das ernst zu nehmende Symptom für einen psychischen Defekt sein.

115 | WARUM IST DER VERSANDHAUS-KATALOG IHRE BIBEL?

Stimmt doch irgendwie, oder? Selbstvergessen schlugen unsere Urgroßmütter Matthäus 13, Vers 4 auf und waren erst mal nicht mehr ansprechbar. Tiefe Verzückung und glänzende Augen. Ein fast täglich wiederkehrendes Ritual. Das Abtauchen in eine andere, bessere Welt. Besinnung, Entspannung, Genuss. Der oftmals erst unterbrochen wurde, wenn der Wasserkessel auf dem Ofen zu pfeifen anfing oder die Kartoffeln überkochten. Genauso blättert SIE heute im ziegelsteindicken Katalog von Quelle oder sonst wem. Bei eBay ist sie Profi: »Drei, zwei, eins: meins!«. Und vielleicht verpasst sie die Tagesschau, aber garantiert nicht ihre Lieblingssendung mit dem Homeshopping.

Ist Schnäppchenjagd die neue Religion und Otto-Versand der neue Messias? Männern kommt das zumindest so vor. Sie ahnen ja auch nicht, wie intensiv und direkt die Bedürfnisse der Frau beim Katalog-Schnuppern befriedigt werden. Frauen lassen sich – Punkt 1 – gern erregen. Und es gibt nichts Erregenderes als den Spannungsbogen von »Das gefällt mir« über »Würde es mir denn auch passen« und »Ich gönn's mir, egal was der Mann sagt« bis zu »Heute müsste es kommen« und »Jetzt packe ich es aus«. Bescherung! Wie Weihnachten! Ein sinnlicher Genuss, allein schon den Klebestreifen zu durchtrennen und vorsichtig die Verpackungen zu lösen!

Frauen sind – Punkt 2 – gern Prinzessinnen. Eine Prinzessin bekommt immer irgendetwas Schönes. Sie wünscht sich was und schwupp, schon geht der Wunsch in Erfüllung. Die Frau vergisst gern, dass sie für ihr kleines rosa Kleidchen ganz real zur Kasse gebeten wird, also dass die Versandhäuser durchaus nichts zu verschenken haben. Aber sie »kriegt« was, und das ist fast so schön wie ein Geschenk.

Frauen gehen – Punkt 3 – gar nicht so gerne aus dem Haus, weil sie sich dazu immer erst einmal aufhübschen müssen. Wie stressfrei und bequem ist doch das Shoppen per Katalog! Man kann aussehen wie Struppi und das Badezimmer außer zum Pieseln noch gar nicht betreten haben, aber den Katalog interessiert das nicht. Der lockt da auf dem Küchentisch, vielleicht ist die Heidi Klum auf dem Titel (stand nicht erst neulich in der Klatschpresse, dass die Stress miteinander haben? Naja, vielleicht haben sie sich ja wieder vertragen). Jedenfalls sieht alles so wunderschön aus und wartet nur darauf, bei einem Tässchen Kaffee in Augenschein genommen zu werden.

Frauen – Punkt 4 – träumen gern. Die Kataloge zeigen ja immer Frauen, die ihnen fast und beinahe ähnlich sind, naja, jedenfalls vom Typ her und so. Zwar sind die alle irgendwie noch perfekter als die Frau selbst ist, jünger natürlich sowieso und etwas schlanker auch, aber ... Die Frau als solche findet sich wieder und sieht sich auf all den Seiten so, wie sie gerne wäre. In der Boutique sieht sie nur das Kleid und sich selbst im Spiegel der Umkleidekabine. Im Katalog sieht sie das Kleid und ihr eigenes Traum-Spiegelbild. Das kann schon süchtig machen.

Frauen scheuen – Punkt 5 – das Risiko. Ein Boutiquen-Kleid oder ein Paar Schuhe zu Hause anziehen und feststellen, das war nun absolut ein Megaflop, ist stressig und erfordert eine Menge Einsatz. Man muss erst einmal wieder hin, dann muss man sich mit der zickigen Verkäuferin auseinander setzen, vielleicht sogar Krach schlagen und den Geschäftsführer verlangen, am Ende nehmen sie es vielleicht, weil runtergesetzt, gar nicht zurück, oder sie geben einem so einen blöden Gutschein – den man garantiert nicht einlöst, denn in diese Zicken-Boutique mit so bescheuerter Ware geht man ja aus Prinzip nicht mehr. Ein Fehlkauf in der Boutique ist also riskant.

Ein Fehlkauf im Katalog ist gar nicht riskant, denn da hat man ein Rückgaberecht. Gehen Sie mal montags zur Post und gucken sich in der Schlange vorm Paketschalter um! Lauter Frauen, die ihre Versandhaus-Klamotten wieder zurückschicken, weil sie eben doch ein bisschen zu fett dafür sind. Aber die Frau hinterm Posttresen würde sie niemals anzicken nach dem Motto: »Das hätten Sie sich vorher überlegen müssen« oder »Das war ein Sonderangebot, das können Sie nicht zurückgeben«. Die pappt den Stempel drauf und schaut nicht mal hoch dabei. Den sinnlichen Genuss von Bestellen, Erwarten, Empfangen, Auspacken und Anprobieren hatte man trotzdem.

Wir reden immer von Klamotten, aber es gibt ja inzwischen Kataloge für alles. Biokost und Fertiggerichte, Gartengeräte und Porzellanpuppen zum Selbstbemalen, Luxus-Schmuck und Pumps, ganze Kaufhäuser gibt es per Katalog. Vorn die Kissenbezüge, hinten die Fitnessgeräte, dazwischen Geschirr, Toaster, sensationell beschichtete Pfannen und spottbillige Uhren, die wie ’ne Rolex aussehen. Und das alles bei IHR zu Hause, in IHRER Küche!

Abends kann man dann ja augenzwinkernd ein bisschen was Erotisches durchblättern, denn auch die boomende Sexbranche hat Kataloge. Was es da nicht alles gibt, hier, schau mal, Schatzi! Schokolade in allen Geschmacksrichtungen zum Aus-dem-Bauchnabel-Lecken, essbare Slips (iiiih!), Liebeskugeln, Präservative mit Doppelnoppen und Bananengeschmack in XXL (»Die wären für mich«, brummt der schläfrige Gatte), Wonderbras und Reizwäsche bis zum Abwinken. Dildos in allen Größen, Vibratoren mit nie gekanntem Vibrier-Faktor, Parfüms aus dem gestoßenen Hoden von immergeilen Bullen und Gleitcremes für Damen, die eben nicht so leicht in Stimmung kommen. Alles drin, alles da. Es ist göttlich, es ist weiblich, es ist KATALOG-SHOPPEN. Und, wie gesagt: Es befriedigt so viele frauliche Bedürfnisse, dass es eigentlich gar nicht genug Kataloge geben kann.

10. KAPITEL

DIE FRAU UND DIE TRENNUNG

116 | GEHT SIE VIELLEICHT FREMD?

Auf jeden Fall gehen mehr Frauen fremd, als Männer sich das vorstellen können. Die Gründe sind immer dieselben: Mangel an Sex, Mangel an Zärtlichkeit, Mangel an Nähe, eine gute Gelegenheit, Langeweile in der Beziehung, fehlende Kommunikation usw.

In Gedanken gehen fast alle Frauen hin und wieder fremd, aber manche trauen sich nicht. Diese Frauen haben schon ein schlechtes Gewissen, wenn sie beim Spazierengehen am Stadtpark-Teich einen gut gebauten Typen beim Sport beobachten und dabei an Sex denken. Dann stehen sie da und verfüttern zehn Brötchen oder mehr an die Enten und gucken und gucken. Hinterher fühlen sie sich total mies und mögen ihrem Mann kaum noch in die Augen schauen. Ich habe ihn betrogen, wenn auch nur im Kopf!

Aber die meisten Frauen bleiben so lange treu, wie die Beziehung gut ist. Was gut ist, wollen sie möglichst bewahren und keinesfalls riskieren. Ist die Beziehung nicht mehr gut, dann gehen sie fremd, aber sie erzählen es nicht und nehmen aus der Beziehung noch eine Weile mit, was angenehm daran ist. Der Mann wird es kaum erfahren. Frauen sind Organisieren gewohnt. Sie können sehr gerissen sein, wenn sie ein Geheimnis haben.

Natürlich gibt es auch Frauen, die Männer ausnutzen. Sie machen es wie beim Paternosterfahren. Mit dem einen Mann steigen sie auf. Dann lernen sie einen anderen kennen und steigen um. Jede Etage bringt sie höher. So geht das weiter, so lange die Frauen halt noch eine Einladung zum Umsteigen kriegen. Danach haben sie es entweder geschafft oder nicht. Aber richtig glücklich werden diese Frauen nur selten mit ihren Männern.

117 | WORAN MERKE ICH, OB SIE FREMDGEHT?

Garantiert kommt sie nicht direkt vom Seitensprung nach Hause und hat Sex mit dem eigenen Partner. Sie wird unter Umständen die übliche Badezimmer-Prozedur hinauszögern, bis er eingeschlafen ist. Oder sie geht tagsüber fremd, wenn der Partner ohnehin nichts mitkriegt.

Es ist schwer, sie zu erwischen. Allerdings kann ein Mann ziemlich sicher sein, dass er es sowieso bald erfährt. Und zwar von ihr. Frauen plagen sich nicht lange mit dem Doppelstress zwischen Partner und Geliebtem herum. Sie warten nur auf den richtigen Moment, um sich für den einen – oder für den anderen zu entscheiden. Denn meistens suchen sie nichts anderes als die wahre Liebe und einen Mann, der sie versteht.

Es gibt aber doch ein Alarmsignal! Bevor sich eine Frau wegen eines anderen Mannes von ihrem Partner trennt, bekommt er oftmals noch eine allerletzte Chance. Wenn SIE plötzlich noch mehr reden will als bisher, wenn sie auffallend oft Grundsatzdebatten über die Qualität der Beziehung vom Zaun bricht, wenn sie obendrein auch noch ungewöhnlich liebesbedürftig zu sein scheint und verdächtig oft Lust auf Sex hat, dann sollte ER sich über ihr wahres Motiv Gedanken machen. Es könnte sein, dass die Beziehung gerade auf ihre letzte, alles entscheidende Probe gestellt wird und dass bereits ein anderer Mann darauf lauert, dass sie sich letztendlich doch noch gegen ihren eigenen entscheidet!

118 | KANN SIE SICH IM INTERNET VERLIEBEN?

Sie loggt sich ein und ist in einer neuen Welt. Von einer Sekunde zur anderen ist sie ein völlig veränderter Mensch. Es ist egal, wie sie aussieht. Ihr Alter zählt nicht mehr. Ihre Frisur spielt keine Rolle. Ihr Gewicht bleibt ihr Geheimnis. Ihre Schüchternheit verfliegt. Alle Fesseln fallen von ihr ab. Es zählen nur die Worte, die sie eingibt.

Und plötzlich findet sie Worte, sogar ganz wunderbare! Die Sprachlosigkeit des Alltags ist wie weggeblasen. Sie ist schlagfertig, witzig, beliebt und begehrt. Sie hat Freunde, wird herzlich begrüßt und umschwärmt. Sie schäkert, schickt Smileys und Kussmäulchen, ist frech und charmant. Ihr anderes Ich erwacht am Computer. Im Chatroom ist sie so, wie sie gerne wäre. Hat sie nicht als kleines Mädchen gern Mamas Kleider angezogen, sich heimlich geschminkt und vorm Spiegel gedreht? Das war ein super Gefühl, und jetzt hat sie es wieder.

Aber das ist ja noch längst nicht alles. Sie muss sich nicht auseinandersetzen, rechtfertigen, verteidigen und Angriffe abwehren. Ein Klick, und die dunklen Wolken verziehen sich. Wenn einer ihr dumm kommt, setzt sie ihn auf »Igno« (das bedeutet »ignorieren«; vertrauliche unverschämte Nachrichten dieser miesen Figur werden ihr künftig nicht mehr übermittelt). Sie schafft sich Allianzen, sie hat ihre Clique, sie pflegt Beziehungen, und sie stellt sich mit den Wortführern gut. Oder sie ist sogar selbst eine kleine Wortführerin. Dann kann sie die Fäden ziehen. Ein einziger Satz nur von ihr, und dieser oder jener hat im Chatroom keine Chance mehr. Mit dem oder der wird keiner nett quatschen. Dafür wird sie schon sorgen. Es ist jetzt »ihr« Chatroom und »ihre« Welt.

Jenseits der Tür zu ihrem kleinen Heiligtum lümmelt sich der Mann im Trainingsanzug vorm Fernseher und trinkt das Bier aus der Flasche, oder er schnarcht schon auf dem Sofa. Hier drinnen wird seelischer Champagner getrunken. Es prickelt und lockt, es vibriert und tut gut. Keine Pflichten, kein Kindergeschrei, kein Abwasch, keine Schmutzwäsche. Stattdessen entdeckt sie etwas, das fast schon verschüttet war unter dem Geröll des täglichen Einerlei: Sie entdeckt ihre Phantasie.

Womit wir beim Thema Männer wären. Wer verbirgt sich wohl hinter »Adonis32«, der sie regelmäßig so süß zum Lachen bringt? Die Zahl deutet auf sein Alter hin, der Name auf seinen Körperbau. Das hofft sie wenigstens. Ihre Gedanken schweifen in eine Richtung ab, die dem schnarchenden Trottel da draußen auf dem Sofa nicht wirklich gefallen würde. Glänzende Muskeln, straffe Haut, krauses Brusthaar und kräftige, zärtliche Männerhände sieht sie vor ihrem geistigen Auge. Wer nennt sich wohl »Adonis32«? Bestimmt kein 60-jähriger notgeiler Bierbauch. Er müsste ja damit rechnen, dass man seine vorsichtigen, so äußerst liebreizenden Avancen eines Tages ernst nimmt und ihm »in real life« (das kürzt man mit den Buchstaben IRL ab) begegnen möchte. Was wäre dann? Was wäre, wenn ...

Sie hat in diesem Moment total vergessen, dass sie beim Einloggen auch nicht ganz ehrlich war. Sie hat sich nämlich keineswegs einen Internet-Namen (»nickname«) zugelegt, der einem Fremden das besagte »IRL« in Bezug auf ihre Person erklären würde. Keine Frau nennt sich in diesen Chats mit einer gewissen Selbstironie und im Vertrauen auf die Internettigkeit der Mitmenschen »Faltenhexe57« oder »HängebusenXXL«.

Nein. In dieser Parallelwelt ist sie »Blondy23«, »Sexywoman«, »Schmollmund« oder »Lederengel«. Das macht doch nix, das merkt doch keiner! Chatten ist so anonym wie der Darkroom eines Swingerclubs, nur eben noch viel anonymer. Denn dort berührt man sich »IRL«, auch wenn man die Gesichter der anderen nicht erkennt. Hier werden nur die Sinne berührt. Die Phantasie.

Was schüchtern und harmlos beginnt, als netter kleiner Feierabend-Spaß, zum Abschalten und Ablenken, das wird für sie unter Umständen immer wichtiger. Diese virtuelle Welt, ihre frei erfundene zweite Existenz gefällt ihr ja viel besser als das traurige Leben da draußen. Sie ist viel lieber die »sexy woman« als die Frau, die sie morgen früh im Badezimmerspiegel begrüßt. Die Grenzen verschwimmen. Wer ist sie wirklich? SIE ist es doch, die so witzige Kommentare verfasst! SIE wird doch herzlich willkommen geheißen, über IHRE Scherze wird gelacht! Die Balance zwischen »real life« und Traumwelt ist schwer zu halten. Und es gibt Millionen Frauen weltweit, die letztendlich die Traumwelt für ihre wahre halten und den Bezug zur Realität verlieren.

Die neu entdeckte Phantasie beschränkt sich nun durchaus nicht auf das harmlose Erraten, wer wohl hinter »Adonis32« stecken könnte. Irgendwann ist ein Mann dabei, der eine ganz eigene Art zu schreiben hat. Er findet Worte, die ihre Seele berühren. Es ist, als wenn sie ihr Leben lang nur das Kreischen einer Säge hörte, und plötzlich beginnt eine Geige zu spielen. Das kann für sie ein angsteinflößendes, seltsames und dennoch süchtig machendes Erlebnis sein. Sie hört die Saiten erklingen und spürt Seiten an sich erwachen, von denen sie bisher nicht einmal etwas ahnte. Wie viel Gefühl, Liebesfähigkeit und Sensibilität schwingen in seinen Worten mit! Wie wahr er spricht, wie sanft und doch so kraftvoll! Seine Worte versüßen ihr den nächsten Tag. Beim Bügeln denkt sie oft daran und lächelt in sich hinein. Sie freut sich schon auf die Nacht, wenn sie ihm wieder begegnen wird. Dann wird sie ihm die netten Frechheiten von gestern heimzahlen! Sie schaut schon wieder auf die Uhr und kann es kaum erwarten. Immer um zehn loggt er sich ein. »Halli hallo und 'n Abend allerseits«. Ja, sicher, die anderen Weiber im Chat sind auch ganz scharf auf ihn. Von allen Seiten, aus allen Ecken, aus allen Bundesländern und Städten kommen Grüße zurück. »Hi Adonis32, schön, dass du da bist.« »'n Abend Ado.« »Grüezi 32.« »Leute, der Abend kann beginnen, Adi ist da.« Zehn, ja zwanzig Einträge, bevor er auch nur den Mund aufgemacht hat und einen seiner Sprüche loslässt, auf die alle so sehnlichst warten. Weil er ihrer aller Seelen zum Klingen bringt. Er ist der Satan und der Gott im Netz. Er hat sie im Sack.

Aber ... Hat er nicht erst gestern an sie, also an »Sexy23«, die doch eigentlich »Mutti48« heißen müsste, eine verdammt scharfe und eindeutig erotisch gemeinte vertrauliche Flirtbotschaft geschickt? Ja, er meint sie! Sie ganz allein. Unter allen diesen Weibern, die sich da im Chat herumtreiben, hat er sie ausgewählt. Und heute, heute wird sie ihm antworten. Aber mindestens so scharf, wie er geschrieben hat. Wenn nicht noch schärfer ...

Wir möchten die Schilderung der intimen Gedanken einer chattenden Frau an dieser Stelle unterbrechen und nur noch Folgendes ergänzen: Es muss ja alles nicht so sein. Zweitens: Es gibt Frauen, die haben mit ihren imaginären Partnern Cybersex, das heißt: Sie geben wechselseitig erotische Texte ein, in denen sie meistens beschreiben, was sie gerade mit sich selbst tun bzw. IRL jetzt, in diesem Moment, mit dem anderen tun würden. Drittens: Cybersex kann durchaus dazu führen, dass neben dem Computer ein Vibrator liegt, und das mit Grund. Viertens: Den Autoren sind Frauen bekannt, die wegen eines Internet-Partners Hals über Kopf ihre Familien verlassen haben und für immer abgehauen sind. Fünftens: Das Internet steht bei der Frage »Wo lernt man heute einen Partner kennen« nach »Arbeitsplatz« und »Party« bereits auf Platz drei. Sextens: Die Frage in der Überschrift dieses Kapitels muss eindeutig mit »Ja« beantwortet werden.

Es ist die Anonymität dieses Mediums, die Frauen so unglaublich entgegenkommt. Sie deckt eine Marktlücke ab, weil sie Frauen aus allen Zwängen befreit und sie mit wenigen Mouseklicks zu Prinzessinnen macht. Das Internet ist ein sehr verlockendes – und ein hoch gefährliches Medium. Aber Männer ahnen das nicht. »Wo steckt denn deine Frau?« »Och, die ist am Chatten.« Das sagen sie so, als sei ihre Frau beim Abwaschen oder beim Bügeln. Nee, Jungs: Ihr solltet euch Sorgen machen.

119 | WANN GEHT SIE GARANTIERT?

Wenn sie alles, aber auch alles probiert hat, um die Beziehung zu retten. Vorher sendet sie nämlich noch einige tausend Warnsignale aus. Sie knallt mit den Türen, sie steht mit gepackten Koffern vor der Tür und trägt sie wieder hinein, sie trifft sich mit anderen Männern, sie bewirbt sich um einen Job in Timbuktu, sie meldet euch zur Paartherapie an, sie lässt die Rechnung vom Scheidungsanwalt offen herumliegen, sie kreuzt Single-Wohnungen in der Zeitung an, und sie will nächtelang diskutieren, warum sie so unglücklich ist. Was, zum Teufel, soll sie denn sonst noch tun?

Leider reicht das alles nicht aus, um den Mann aufzuwecken. Geht sie dann nämlich letztendlich doch, macht er verdatterte Augen: »Aber wir sind doch so glücklich ... Warum hast du denn nichts gesagt ... Wir hatten doch erst gestern Sex ... Ich habe ja gar nicht gemerkt, dass dir was fehlt ...« Männer sind grundsätzlich merkbefreit. Sie schnallen einfach nicht, dass die Luft brennt. Erst wenn die gepackten Umzugskartons an ihnen vorbei nach draußen zum Laster der Spedition getragen werden, geraten sie ins Grübeln. Aber dann ist es natürlich zu spät. Eine Frau, die geht, kommt nicht wieder!

Hier eine kleine Aufzählung der häufigsten Gründe, warum eine Frau geht: Wenn sie ständig bevormundet wird. Wenn der Mann ihr das Selbstbewusstsein nimmt. Wenn Aufmerksamkeit und Zärtlichkeit gar nicht mehr stattfinden. Wenn sie sich langweilt in der Beziehung. Wenn sie geschlagen wird. Wenn sie sich weiterentwickelt, er aber nicht. Wenn sie ihre seelischen Koffer schon längst gepackt hat. Und wenn sie einen anderen hat, der sie besser versteht. Sie trennt sich, um das noch einmal klar zu sagen, äußerst ungern. Aber wenn, dann meistens für immer.

120 | DARF ICH IHR VON MEINER NEUEN FREUNDIN ERZÄHLEN?

Keinesfalls, bevor alle Ansprüche inklusive der finanziellen endgültig geklärt sind. Insgeheim hat sie nämlich noch Besitzansprüche an ihren Expartner, auch wenn die Trennung schon einige Zeit zurückliegt. Vermutlich träumt sie sogar davon, dass er sich eines Tages doch noch total ändert und alles wieder gut wird. Schließlich war es doch mal Liebe!

Solange ihr Ex ein Single ist, hält sie alles für möglich und wird es sich nicht mit ihm verderben wollen. Sie einigt sich mit ihm über vorläufigen Unterhalt und die Besuche bei den Kindern, sie geht mal mit ihm einen Kaffee trinken oder hat sogar noch gelegentlichen Sex mit dem Ex. Man hat ja so gewisse Bedürfnisse. Bis – ja, bis sie von seiner Neuen erfährt.

Das ist für die meisten Frauen der eigentliche Tag der Trennung. Es ist ein heftiger Einschnitt. Erst jetzt begreift sie, dass sein Leben auch ohne sie weitergeht – und dass er ohne sie durchaus nicht zwangsläufig unter die Räder kommt. Viele Frauen reagieren darauf äußerst aggressiv. Es kann gut sein, dass sie sich plötzlich gar nicht mehr an irgendwelche Absprachen erinnern. Auch mit dem lockeren, unkomplizierten Besuchsrecht sind sie nicht mehr einverstanden. Und wenn es stattfindet, dann stellen sie Bedingungen. Sie sind eifersüchtig auf seine Neue. Männer tun deshalb gut daran, diese so lange wie möglich zu verschweigen – bis die Wunden geheilt sind, oder (noch besser) bis sie selbst einen Neuen hat.

121 | WIE GEFÄHRLICH WIRD DIE SCHEIDUNG?

Die freundschaftliche Trennung ist leider die Ausnahme. Der Rosenkrieg – mal milder, mal heftiger – ist die Regel. Zwar renkt sich vieles nach Jahren wieder ein, und man findet vielleicht doch noch einen Weg, friedlich miteinander umzugehen. Zunächst aber droht tatsächlich Gefahr für Leib und Seele. Denn Trennung bedeutet für beide Seiten Schmerz, Verlust, Ohnmacht und Wut.

Meistens geht es um das Geld und um die Kinder. Meistens hat er das Geld und sie die Kinder. Beides voneinander zu trennen, ist zwar richtig und wichtig. Aber in der Praxis …?

Bevor eine Frau ernsthaft mit ihrem Mann über Trennung spricht, hat sie sich ganz bestimmt schon beraten lassen. Zunächst von ihren Freundinnen. Vermutlich auch von einem Anwalt. Sie will wissen, ob sie sich die Scheidung überhaupt leisten kann, welche Rechte sie hat und was sie alles bedenken muss. Sie ist also ganz gut präpariert für das, was da kommt.

Spätestens der Anwalt wird ihr die Augen öffnen und ihr sagen, was später vor Gericht von Nutzen ist. Das können Gehaltsabrechnungen sein, Aufzeichnungen über Nebenverdienste und Kontoauszüge. Auch wenn sie eine friedliche Trennung anstrebt: Beim Geld hört der Frieden auf. Dafür sorgt schon ihr ganz persönliches neues Umfeld. Als Mann sollte man deshalb tatsächlich mit dem Schlimmsten rechnen. Es wird gefährlich, garantiert.

Die meisten Frauen erzählen, dass sie sich selbst über die Naivität ihrer Männer wundern. Sie haben wenigstens einen Plan, bevor sie sich trennen. Aber viele Männer stolpern blind und unvorbereitet in die Trennung hinein. Was für Frauen ja nicht so ganz schlecht ist.

122 | WIE TRENNT MAN SICH STRESSFREI VON IHR?

Das ist beinahe unmöglich. Es wird sie auf jeden Fall hart treffen, und Stress ist vorprogrammiert. Wenn sie die Beziehung fortsetzen möchte, wird es mit hoher Wahrscheinlichkeit Tränen geben. Aber man kann wenigstens stilvoll Schluss machen. Nicht per SMS. Auch nicht am Telefon. Und keinesfalls so tun, als wenn man sie zu einem schicken Versöhnungsessen einlädt – um dann bei Kerzenlicht völlig unerwartet mit der schlechten Nachricht herauszurücken! Nein: Frauen möchten sich auf Katastrophen vorbereiten können. Deshalb ist es nur fair, sie bereits bei der telefonischen Verabredung darauf hinzuweisen, dass es keinen fröhlichen Anlass für dieses Treffen gibt. Mit hoher Wahrscheinlichkeit wird sie nicht so lange warten wollen und von sich aus vorschlagen, dass man die Sache gleich jetzt am Telefon bespricht. Wodurch sich die Angelegenheit dann letztlich doch noch einigermaßen stressfrei erledigen lässt.

Nun kann es sein, dass man den wahren Trennungsgrund gern für sich behalten möchte. Man will ja nicht kränken. Außerdem sind Männer konfliktscheu. Es empfiehlt sich deshalb dringend, eines der typischen weiblichen Vorurteile zu bedienen. »Ich fühle mich eingeengt«, »Ich bin kein Typ für eine Beziehung«, »Ich brauche mehr Zeit für meinen Job«, »Ich brauche eine Auszeit« sind männliche Argumente, gegen die eine Frau nicht allzu viel sagen kann. »Ich habe eine andere kennen gelernt, und die ist drei Mal so attraktiv wie du« mag ehrlicher sein – hat aber mit hoher Wahrscheinlichkeit eine Szene zur Folge, an die man noch eine Weile denken wird.

»Lass uns Freunde bleiben« ist ein ziemlich blödes Angebot – wenn es nicht mit Schleifchen und Herzchen verpackt wird. Wer aber einer Frau zum Abschied alle ihre guten und liebenswerten Eigenschaften aufzählt (dabei darf man ruhig übertreiben!) und den Eindruck erweckt, dass die Trennung ihm fast das Herz zerreißt – aber er »kann eben nicht anders«, es »muss eben sein« usw., bla-bla-bla – der darf am Ende tatsächlich den tief empfundenen Wunsch äußern, dass diese einmalige innere Verbundenheit niemals zerrissen werden möge. Und weil Frauen für verzuckerte Lügengeschichten durchaus empfänglich sind, könnte es mit diesem kleinen Trick durchaus zu einer friedlichen Trennung kommen.

Am wenigsten Stress hat der Mann, wenn er sich gar nicht trennt. Sondern wenn er trennen lässt. Das heißt: Ohne dass die Frau es merkt, bringt er sie dazu, dass sie sich von ihm trennt. Möglichst so, dass sie auch noch ein schlechtes Gewissen hat. Hierzu macht man zunächst einmal eine Liste mit allem, was die Frau am Mann auszusetzen hat oder mal hatte. Man lässt sich zum Beispiel gehen, rasiert sich schlecht oder macht sie vor anderen Leuten klein. Die daraus resultierende Kritik ignoriert man konsequent. Ein zeitraubendes, aber erfolgreiches Verfahren!

Bei den Interviews zu diesem Buch erzählte uns eine Frau: »Ich habe den Verdacht, dass mein Ex seinen Freund mit Absicht auf mich ›angesetzt‹ hat. Der hatte all die Eigenschaften, die ich bei meinem Ex vermisste. Er hat mich konsequent umworben, bis ich mich von meinem Ex getrennt habe. Wenig später war es mit dem Neuen dann auch vorbei, und ich weiß bis heute nicht, warum. Ich glaube ernsthaft, dass es eine Falle war – denn kaum hatte ich meinen Ex verlassen, da hatte er schon eine andere.«

123 | LÄUFT SIE WEG, WENN MAN SIE ÄNDERN WILL?

Man kann versuchen, sie zu ändern. Und viele Männer tun's. Aber es ist dringend davon abzuraten. Zwar wird eine liebende Frau eine Menge tun, um ihrem Mann zu gefallen und dadurch den von ihr ersehnten Zustand der perfekten Harmonie herzustellen. Aber eine Frau ist kein Wesen, das man formen kann wie Ton. Sie ist ja schließlich nicht erst auf der Welt, seit sie DIESEN Mann kennt!

Erstaunlich viele Frauen brauchen Jahre oder sogar Jahrzehnte, bis sie plötzlich feststellen: Ich habe mich die ganze Zeit von ihm verbiegen lassen und ganz vergessen, wer ich wirklich bin. Das ist der Moment, in dem sie erstmals ernsthaft an Trennung denken. Und man kann sicher sein, dass sie die Trennung jetzt äußerst konsequent durchziehen werden – auch dann, wenn sie all die Jahre keine allzu lautstarken Proteste angemeldet haben und stets bemüht waren, seinen Wünschen (bzw. ihrer »Rolle«) zu entsprechen.

Je später sie an diesen Punkt gelangen, desto härter trifft es den Mann. Manch einer steht sogar erst im Alter fassungslos vor den Trümmern seiner Beziehung und begreift überhaupt nicht, was all die Jahre angeblich schief gelaufen sein soll. »Sie hat sich doch nie beklagt!« »Was hat sie denn plötzlich?« »Ich wollte doch nur ihr Bestes!« (Das ist natürlich eine ganz verräterische Formulierung.) Leider hat es nicht geklappt: Die Frau wird gehen und endlich wieder sie selbst sein wollen.

124 | WARUM WERDEN VIELE FRAUEN NACH DER TRENNUNG ZU FURIEN?

Es gibt Millionen Männer, die ihre Exfrau nach der Trennung nicht mehr wiedererkennen, weil sie sich psychisch vollkommen verändert hat. Und das nicht zum Besten. Nur von diesen tragischen Fällen ist hier die Rede; positive Gegenbeispiele gibt es natürlich ebenfalls millionenfach.

Es handelt sich sehr oft um Frauen, die ihr ganzes Leben lang auf einen Mann fixiert waren. In der Kindheit nahm ihr Vater diese Rolle ein. Man kann davon ausgehen, dass er extrem dominant, oft sogar brutal war. Zu ihm schauten sie auf. Ihn bewunderten und fürchteten sie gleichermaßen. Sie waren psychisch von ihm abhängig und entwickelten keine ausgeprägte eigene Identität.

Diese Frauen wechseln häufig von einer Abhängigkeit in die nächste: Sobald sie erwachsen werden, suchen sie sich einen Vaterersatz. Nun identifizieren sie sich über ihren Partner. Er ist jetzt der Ast, auf dem sie sitzen. Sie haben niemals gelernt, alleine die Balance zu halten, schlimmer noch: Ein Leben ohne diesen »Ast« ist für sie nicht denkbar.

Das Leben verliert seinen Wert für diese Frauen, wenn der geliebte Mann, eben der »Ast«, nicht mehr da ist. Sie fallen in einen tiefen psychischen Abgrund. Und es kommt häufig vor, dass sie sich daraus nicht mehr befreien können.

Auf den ersten Blick scheint alles in Ordnung zu sein: Morgens aufstehen, die Kinder zur Schule schicken, zur Arbeit gehen, kochen und putzen – diese Anforderungen erfüllen sie durchaus noch. Sie »funktionieren«. Aber sie haben keinen Lebensinhalt mehr.

Sie haben Lebensangst. Aus Angst wird Wut. Aus Wut wird Hass. Jeder kennt das Beispiel vom »Angstbeißer«: Vom Tier, das sich in die Enge gedrängt fühlt und mit einer Aggressivität um sich beißt, die man ihm niemals zugetraut hätte. Genauso verhalten sich diese Frauen, wenn der »Ast« ihres Lebens unter ihnen wegbricht.

Mütter, die ihre Kinder niemals körperlich misshandeln würden, verweigern dem Vater konsequent und gegen alle Vernunft das Besuchsrecht – obwohl sie genau wissen, dass diese Verweigerung die schlimmste psychische Misshandlung ist, die sie ihren Kindern antun können. Selbst hochintelligente Frauen benutzen die schäbigsten und dümmsten Lügen, um ihre Kinder gegen den Vater aufzuhetzen. Sie torpedieren das Umgangsrecht und sind imstande, für sinnlose Prozesse gegen den verhassten Expartner ihr ganzes Geld auszugeben. Es ist ihnen egal, weil ihnen alles egal ist.

Diese Frauen sind fertig mit sich und der Welt. Sie haben nur noch ein einziges Ziel: Ihren Partner ebenfalls fertig zu machen. Leider gibt es für Männer, die an solche erbarmungswürdigen Frauen geraten, keine Hilfe. Weder ein wohlmeinender Familienrichter noch ein guter Fachanwalt für Familienrecht noch der ganze »vernünftige« Freundeskreis kann irgendetwas ausrichten. Diese Frauen sind beratungsresistent. Weil sie innerlich schon längst gestorben sind.

125 | UND WIE KANN ICH IHRE LIEBE ZURÜCKGEWINNEN?

Frauen trennen sich meistens erst dann von ihrem Partner, wenn sie absolut keine Chance mehr für die Beziehung sehen. Insofern stehen die Chancen für eine Neuauflage der erloschenen Liebe denkbar schlecht. Trotzdem kommt es natürlich vor, dass zwei voneinander tief enttäuschte Menschen wieder ein glückliches Paar werden. Manche Frauen heiraten sogar ihren Ex ein zweites Mal! Männer, die das wirklich aus tiefstem Herzen wünschen, haben eigentlich nur eine Chance. Und die zu nutzen, ist äußerst schwer.

Zunächst einmal müssten sie imstande sein, wirklich loszulassen. Sie dürften sich – abgesehen von den notwendigsten Kontakten, zum Beispiel wenn es um die Kinder geht – ins Leben der Frau nicht mehr einmischen. Sie müssten sich und ihre Gefühle verleugnen. Sie müssten kommentar- und klaglos hinnehmen, dass die Frau sich irgendwann einmal neu verliebt und für Monate oder Jahre ein anderer Mann an ihre Stelle tritt. Sie dürften natürlich ein guter Vater bleiben, aber ansonsten müssten sie sich aus dem Leben ihrer Exfrau total und kompromisslos verabschieden. Sie müssten zunächst einmal von der Bildfläche verschwinden und zwar so gründlich, dass ein Neuanfang gleichzeitig ein vollkommenes Neu-Kennenlernen bedeuten würde. Das wäre der erste Schritt.

Schritt zwei ist noch schwerer: Männer müssten die eigentlichen Trennungsgründe wirklich begreifen. Das allerdings ist für die meisten Männer ungefähr so schwer, als wenn man einer Kuh das Flötenspielen beibringen möchte. Denn es reicht keinesfalls aus, dass sie einige oberflächliche Gründe kennen. »Meine Frau hat mich verlassen, weil sie sich selbst verwirklichen wollte« – falsch! Das ist erstens eine hohle Floskel und war zweitens garantiert nicht der Grund, warum sie gegangen ist. Wenn ein Mann aber sagt: »Ohne es zu merken, habe ich meine Frau derart eingeengt und ihre Persönlichkeit beschnitten, dass sie gar nicht anders konnte, als mich zu verlassen« – dann ist das schon eher der richtige Weg.

Wenn ein Mann sagt: »Ich bin geschieden, weil sich meine Frau Hals über Kopf in einen anderen verliebt hat« – dann ist das ebenso falsch!

Weil er die Schuld einseitig der Frau zuschiebt und nicht darüber nachdenkt, warum sie für den anderen Mann empfänglich war. Vermutlich war es eher so: »Ich habe als Mann derart versagt, dass fast jeder ihr mehr geben konnte als ich.« Oder: »Ich habe kaum noch mit ihr gesprochen, das hat sie eine Weile mitgemacht, und dann kam ein anderer Mann. Der hat mit ihr gesprochen.«

Eine ganz beliebte Trennungsbegründung ist ja auch: »Wir haben uns einfach auseinander gelebt.« Das ist nun absoluter Käse. Dieses Totschlagargument dient lediglich dazu, der Auseinandersetzung um die wahren Gründe aus dem Weg zu gehen. Denn kein einziges Paar auf der ganzen Welt lebt sich »einfach so« auseinander! Wahrscheinlich war in dieser Beziehung eine derartige Routine und Lieblosigkeit eingekehrt, dass die Frau eines Tages aufwachte und feststellte, dass sie vor Langeweile schon fast gestorben war. Schritt zwei wäre also: ER müsste SIE und IHRE Motive verstehen lernen.

Schritt drei wäre dann, dass die Männer aus den nunmehr gewonnenen Erkenntnissen Konsequenzen ziehen. Die allerdings würden ihr ganzes Leben grundlegend verändern. Sie müssten wie aus einem tiefen Schlaf erwachen, in den Spiegel schauen und dort eine fremde, ihnen bisher unbekannte Person entdecken. Sie dürften nicht mehr so sein, wie sie all die Jahre waren. Und sie dürften auch nie mehr so werden. Aber das ist äußerst unwahrscheinlich.

Wenn Männer sagen: »Die kann doch gar nicht ohne mich, die kommt schon wieder zurück« – dann irren sie sich meistens gründlich. Frauen können sehr wohl ohne ihre Männer auskommen. Und sie kommen nicht so einfach zurück, wenn sie mal gegangen sind. Es sei denn … (siehe oben).

Aber das wäre dann ja tatsächlich so, als würden sie einen neuen Mann kennen lernen. Der nur einen einzigen Vorteil hätte: Er ist ihnen noch ziemlich vertraut.

NACHWORT

Wir Autoren ... haben uns beim Schreiben dieses Buches manchmal mächtig amüsiert und manchmal mächtig gestritten. Warum amüsiert? Aber hallo: Erklären Sie als Frau mal einem Mann die Abgründe der weiblichen Psyche, so dass er sie versteht! Der dreht nach wenigen Tagen komplett durch und wünscht, er hätte sich niemals an dieses Thema gewagt! Oder beschreiben Sie mal einem Mann, wo genau der G-Punkt sitzt – wo es doch Leute gibt, die sogar seine Existenz in Zweifel ziehen! Und warum wurde manchmal mächtig gestritten? ER wollte zu jedem Thema eine klare, eindeutige Aussage. Typisch männlich. SIE wollte zu vielen Themen ein »Sowohl als auch« beitragen und sowieso immer das letzte Wort haben. Typisch Frau. Vermutlich ist dieses Buch nur deshalb pünktlich zum Herbst 2006 fertig geworden, weil wir Autoren das einfachste und wichtigste Rezept befolgten, das auch für jede Partnerschaft gilt: Wir haben uns letztendlich doch noch immer irgendwie zusammengerauft. Wir hatten ein gemeinsames Ziel, und dem haben wir so manche persönliche Befindlichkeit untergeordnet. Manchmal haben wir darauf verzichtet, jedes Detail auszudiskutieren und einfach mal die Klappe gehalten (übrigens auch ein guter Tipp für Partnerschaften). Das funktionierte ganz gut, wie wir rückblickend feststellen. Jedenfalls sind wir ziemlich stolz auf unser gemeinsames »Baby«.

Wir Autoren ... hätten ohne weiteres zwölf Bände füllen können, und zwar im Brockhaus-Format. Denn »Wie Frauen ticken«, das ist ein wahrhaft unerschöpfliches Thema. Wir haben versucht, es auf den (G-) Punkt zu bringen. Und wenn die Frauen sich hier und da wiedererkennen und die Männer hier und da was lernen, dann ist »Wie Frauen ticken« gelungen.

Wir Autoren ... haben in den letzten Monaten mit unzähligen Frauen gesprochen, und zwar auch über Themen, die extrem intim waren.

Teils persönlich, Auge in Auge – teils auch in Chatrooms und Foren. Unsere gemeinsame Erfahrung war: Wir mussten die Frauen immer erst einmal »öffnen«. Wir mussten ihre Sprachlosigkeit überwinden. Und wir haben dabei etwas Wichtiges festgestellt. Erst wenn Frauen sich trauen, ihre Hemmungen über Bord schmeißen, tritt ihre geballte Power zu Tage! Die ist natürlich immer vorhanden, aber meistens unter der Tarnkappe der so genannten Weiblichkeit versteckt. »Das tut man nicht« und »Darüber spricht man nicht«: Es wäre vielleicht wirklich besser, wenn wir alle Sätze mit dem Wörtchen »man« aus dem deutschen Wortschatz streichen würden.

Wir Autoren ... haben kein einziges Mal in diesem Buch die politisch korrekte Form mit dem »In« am Ende benutzt. Auch hier im Nachwort müsste es natürlich heißen: »Wir AutorInnen«. Ausnahmsweise waren wir uns in diesem Punkt einig: Das mit dem »In« am Ende ist vollkommen blödsinnig.

Wir Autoren ... haben bei den Recherchen zu diesem Buch festgestellt: Das größte Übel zwischen Mann und Frau ist die Sprachlosigkeit. SIE und ER reden einfach zu wenig miteinander. Und wenn auch nur eine einzige Frau dieses Buch nimmt, es ihrem Mann hinlegt und sagt: »Lies doch mal! Was für mich wichtig ist, das habe ich dir angestrichen.« Und wenn er es dann liest und sagt: »Echt? Bist du SO drauf? Das habe ich, ehrlich gesagt, bisher nicht gewusst ...« Dann hat sich dieses Buch gelohnt. Dass es auch bei Ihnen so sein möge, das wünschen Ihnen die Autoren

Hauke Brost & Marie Theres Kroetz-Relin
www.haukebrost.de *www.hausfrauenrevolution.com*

DANKSAGUNG

Für besonders aktive Mitarbeit bei den Fragen bedanken wir uns bei: Andreas, Andy, Alfred, Alfredo, Bernd, Carlo, Christian, Claus, mehreren Daniels, Detlef, Detlev, Dirk, Erik, Günter, Günther, Harry, Holger, Ingo, Jörg, Kai, Klaus, Knut, Lars, Marco, Marcus, Marius, Markus, Martin, Maximilian, Michael, Mike, Navid, Neill, Okko, Olaf, Ralf, Rüdiger, Thomas, Thorsten, Tim, Timo, Tobias, Torsten, Udo, Ulf, Volker u.v.a.

Für besonders aktive Mitarbeit bei den Antworten bedanken wir uns bei: Andrea, Anke, Anna, Beate, Brigitte, mehreren Christianes, Christine, Dagmar, Doris, Elisabeth, Elsbe, Frauke, Frederike, Friederike, Gabriele, Gaby, Heike, Jasmin, Jeannine, mehreren Maikes, Martina, Masha, Miriam, Mirjam, Moni, Nadine, Nina, Sabine, Sandra, Silvia, Sophie, Susanne, Suse, mehreren Stefanies und Stephanies, Sybill, Sylvia, mehreren Tanjas, Ulrike, Uta, Ute, den fleißigen Mitstreiterinnen der Internetseite www.hausfrauenrevolution.com u.v.a.

Ebenfalls von Hauke Brost ist erschienen:

WIE TEENIES TICKEN

Der neue Bestseller von Hauke Brost vermittelt humorvoll zwischen Teenagern und ihren Eltern.

Haben Sie auch einen Teenie zu Hause? Dann wissen Sie ja, wie schwierig die Jahre zwischen Kindheit und Erwachsenwerden manchmal sind. Erziehungsratgeber für die komplizierten Jahre der Pubertät gibt es viele. Dies ist keiner.

Hier kommen erstmals die zu Wort, um die es geht: die Teenies selbst. Ungeschminkt, offenherzig und erstaunlich wortgewandt äußern sie sich zu allen Themen, die uns Erwachsene im Umgang mit Teenies bewegen: Warum sie so ungern aufräumen. Warum sie so störrisch sind. Wo ihr Taschengeld bleibt. Warum sie uns einerseits lieben und andererseits manchmal zu hassen scheinen. Und wie es zwischen Eltern und Teenies ganz stressfrei funktionieren könnte!

Sie sprechen über ersten Sex und erste Liebe, über Pickel und Hasch, Flatrate-Saufen und Schulhof-Dramen, verschwiegene Fünfen und geschwänzte Stunden. Sie schildern die Liebe zu ihren Stars und erklären, was den Reiz ihrer Computerspiele ausmacht. Sie beschreiben ihre eigene aufgewühlte, dramatische, manchmal wundervolle und manchmal niederschmetternde Gefühlswelt so echt und rührend, dass alle Erwachsenen »ihre« Teenies in diesem Buch entdecken werden.

Für sein neues Buch »Wie Teenies ticken« stellte Hauke Brost über tausend Teenies 111 Fragen, die alle Eltern bewegen. Sein Fazit: Wir Erwachsenen sehen alles viel zu verbissen. Unsere Teenies sind nämlich viel weiter, als wir denken!

Hauke Brost: WIE TEENIES TICKEN
111 Fakten, die aus allen Eltern Teenie-Versteher machen
288 Seiten, Taschenbuch
ISBN 978-3-89602-770-2, 9,90 Euro
Erschienen im Schwarzkopf & Schwarzkopf Verlag